V&R

# PSYCHODYNAMIK **Kompakt**

Herausgegeben von
Franz Resch und Inge Seiffge-Krenke

Anna Buchheim

# Bindungsforschung und psychodynamische Psychotherapie

Vandenhoeck & Ruprecht

*Für Dr. Lotte Köhler*

Mit 4 Abbildungen

Bibliografische Information der Deutschen Nationalbibliothek
Die Deutsche Nationalbibliothek verzeichnet diese Publikation in der
Deutschen Nationalbibliografie; detaillierte bibliografische Daten sind
im Internet über http://dnb.d-nb.de abrufbar.

ISBN 978-3-525-40612-0

Weitere Ausgaben und Online-Angebote sind erhältlich unter:
www.vandenhoeck-ruprecht-verlage.com

Umschlagabbildung: Paul Klee, Engel noch tastend, 1939/akg-images

© 2018, Vandenhoeck & Ruprecht GmbH & Co. KG,
Theaterstraße 13, D-37073 Göttingen
www.vandenhoeck-ruprecht-verlage.com
Alle Rechte vorbehalten. Das Werk und seine Teile sind urheberrechtlich
geschützt. Jede Verwertung in anderen als den gesetzlich zugelassenen Fällen
bedarf der vorherigen schriftlichen Einwilligung des Verlages.
Printed in Germany.

Satz: SchwabScantechnik, Göttingen
Druck und Bindung: ⊕ Hubert & Co. GmbH & Co. KG BuchPartner,
Robert-Bosch-Breite 6, D-37079 Göttingen

Gedruckt auf alterungsbeständigem Papier.

# Inhalt

Vorwort zur Reihe .................................... 7
Vorwort zum Band .................................... 9

1 Einführung .......................................... 11

2 Bindungsdiagnostik zur Erfassung von bindungsrelevanten
  unbewussten Prozessen ............................... 14
  2.1 Einführung in das Adult Attachment
      Interview (AAI) ................................. 15
  2.2 Die klinische Anwendung des AAI ................. 19
  2.3 Kasuistik: Das AAI als Erstinterview und
      seine szenische Information ..................... 20
  2.4 Einführung in das Adult Attachment Projective
      Picture System (AAP) ............................ 28
  2.5 Die klinische Anwendung des AAP ................. 33
  2.6 Kasuistik: Patientin mit einer Angststörung ..... 39

3 Veränderung von Bindungsrepräsentationen durch
  psychodynamische Therapien .......................... 48
  3.1 Psychodynamische Therapie der Borderline-
      Persönlichkeitsstörung .......................... 48
  3.2 Langzeitpsychoanalysen und Veränderung von
      Bindungsrepräsentationen im Münchner Bindungs-
      und Wirkungsforschungsprojekt ................... 52
  3.3 Veränderung von Bindungsrepräsentation während
      einer Katathym Imaginativen Psychotherapie (KIP)    54

4 Zusammenfassung und Ausblick ........................ 60

Literatur .............................................. 67

# Vorwort zur Reihe

Zielsetzung von PSYCHODYNAMIK KOMPAKT ist es, alle psychotherapeutisch Interessierten, die in verschiedenen Settings mit unterschiedlichen Klientengruppen arbeiten, zu aktuellen und wichtigen Fragestellungen anzusprechen. Die Reihe soll Diskussionsgrundlagen liefern, den Forschungsstand aufarbeiten, Therapieerfahrungen vermitteln und neue Konzepte vorstellen: theoretisch fundiert, kurz, bündig und praxistauglich.

Die Psychoanalyse hat nicht nur historisch beeindruckende Modellvorstellungen für das Verständnis und die psychotherapeutische Behandlung von Patienten hervorgebracht. In den letzten Jahren sind neue Entwicklungen hinzugekommen, die klassische Konzepte erweitern, ergänzen und für den therapeutischen Alltag fruchtbar machen. Psychodynamisch denken und handeln ist mehr und mehr in verschiedensten Berufsfeldern gefordert, nicht nur in den klassischen psychotherapeutischen Angeboten. Mit einer schlanken Handreichung von 70 bis 80 Seiten je Band kann sich der Leser schnell und kompetent zu den unterschiedlichen Themen auf den Stand bringen.

Themenschwerpunkte sind unter anderem:
- *Kernbegriffe und Konzepte* wie zum Beispiel therapeutische Haltung und therapeutische Beziehung, Widerstand und Abwehr, Interventionsformen, Arbeitsbündnis, Übertragung und Gegenübertragung, Trauma, Mitgefühl und Achtsamkeit, Autonomie und Selbstbestimmung, Bindung.
- *Neuere und integrative Konzepte und Behandlungsansätze* wie zum Beispiel Übertragungsfokussierte Psychotherapie, Schematherapie, Mentalisierungsbasierte Therapie, Traumatherapie, internet-

basierte Therapie, Psychotherapie und Pharmakotherapie, Verhaltenstherapie und psychodynamische Ansätze.
- *Störungsbezogene Behandlungsansätze* wie zum Beispiel Dissoziation und Traumatisierung, Persönlichkeitsstörungen, Essstörungen, Borderline-Störungen bei Männern, autistische Störungen, ADHS bei Frauen.
- *Lösungen für Problemsituationen in Behandlungen* wie zum Beispiel bei Beginn und Ende der Therapie, suizidalen Gefährdungen, Schweigen, Verweigern, Agieren, Therapieabbrüchen; Kunst als therapeutisches Medium, Symbolisierung und Kreativität, Umgang mit Grenzen.
- *Arbeitsfelder jenseits klassischer Settings* wie zum Beispiel Supervision, psychodynamische Beratung, Arbeit mit Geflüchteten und Migranten, Psychotherapie im Alter, die Arbeit mit Angehörigen, Eltern, Familien, Gruppen, Eltern-Säuglings-Kleinkind-Psychotherapie.
- *Berufsbild, Effektivität, Evaluation* wie zum Beispiel zentrale Wirkprinzipien psychodynamischer Therapie, psychotherapeutische Identität, Psychotherapieforschung.

Alle Themen werden von ausgewiesenen Expertinnen und Experten bearbeitet. Die Bände enthalten Fallbeispiele und konkrete Umsetzungen für psychodynamisches Arbeiten. Ziel ist es, auch jenseits des therapeutischen Schulendenkens psychodynamische Konzepte verstehbar zu machen, deren Wirkprinzipien und Praxisfelder aufzuzeigen und damit für alle Therapeutinnen und Therapeuten eine gemeinsame Verständnisgrundlage zu schaffen, die den Dialog befördern kann.

*Franz Resch und Inge Seiffge-Krenke*

# Vorwort zum Band

Das menschliche Bedürfnis nach Nähe, Zärtlichkeit und der Ausgestaltung enger emotionaler Beziehungen zu wichtigen anderen Personen wird im Bindungskonzept umfassend theoretisch abgebildet. Die Bedeutung früher Bindungserfahrungen für die spätere sozioemotionale Entwicklung konnte damit wissenschaftlich untermauert werden. Je nachdem, wie unterschiedlich und widersprüchlich diese frühen Erfahrungen waren, können auch die späteren Arbeitsmodelle von Beziehungen Brüche und Inkonsistenzen aufweisen. Vorschläge einer bindungsbezogenen Psychotherapie zur Bewusstmachung und Bearbeitung solcher Arbeitsmodelle werden bis heute als wertvoll und aktuell angesehen. Der Therapeut, die Therapeutin dient als sichere Basis für die Selbstexploration. Veränderungen von unsicheren und desorganisierten Bindungsrepräsentationen in Richtung von sicheren und organisierten können durch aktuelle Psychotherapiestudien belegt werden.

Die Bindungsdiagnostik zur Erfassung von bindungsrelevanten unbewussten Prozessen, die Ausdruck der jeweiligen inneren Arbeitsmodelle sind, wird durch zwei Interviewmethoden repräsentiert: Das Adult Attachment Interview und das Adult Attachment Projective Picture System haben sich aus der Entwicklungspsychologie und Klinischen Psychologie entwickelt. Anna Buchheim beschreibt im Detail beide Methoden und belegt deren klinische Bedeutung mit eindrucksvollen Fallbeispielen aus der eigenen analytischen Praxis und Forschung. Sie hat selbst nicht nur große Erfahrung in der Anwendung der Diagnostiksysteme, sie hat auch Modifikationen entwickelt und auf diese Weise empirische Forschungen mit dem Oxytozinsystem und bildgebenden Verfahren mittels fMRT-Experimenten ermöglicht. Damit gelingt ihr der Brückenschlag zur interdisziplinären Forschung.

In einem Kapitel werden eigene Forschungsergebnisse präsentiert, die eine positive Veränderung von Bindungsrepräsentationen durch psychodynamische Therapien belegen. Dazu gehören Studien zur Erforschung der »Transference-Focused Psychotherapy« (TFP) bei Borderline-Patienten und ein Bericht zur Bindungsrepräsentation bei Langzeitpsychoanalysen (Münchner Bindungs- und Wirkungsforschungsprojekt). Auch eine Studie zur Veränderung von Bindungsrepräsentationen während einer Katathym Imaginativen Psychotherapie (KIP) zeigt eindrucksvoll den Therapieerfolg.

Schließlich wird in einem Ausblick verdeutlicht, dass die Bindung der Therapeutin oder des Therapeuten einen Einfluss auf den Therapieerfolg hat. Dabei ist spannend, dass es in der Therapeut-Patienten-Dyade hilfreich sein kann, wenn beide über gegensätzliche Bindungsstile verfügen.

Ein gut lesbares, inhaltsreiches und klinisch hilfreiches Buch.

*Inge Seiffge-Krenke und Franz Resch*

# 1 Einführung

> »[…] es ist häufig hilfreich, den Patienten zu ermutigen, sich so detailliert wie möglich an tatsächliche Geschehnisse zu erinnern, damit er neu und mit allen entsprechenden Gefühlen sowohl seine eigenen Wünsche, Gefühle und Verhaltensweisen bei jeder speziellen Gelegenheit als auch das mögliche Verhalten seiner Eltern bewerten kann. Auf diese Weise hat er Gelegenheit, Vorstellungen im semantischen Speicher zu korrigieren oder modifizieren, von denen er feststellt, dass sie nicht mit dem historischen und gegenwärtigen Beweismaterial übereinstimmen«
> (Bowlby, 1983, S. 88).

Die Bindungstheorie wurde von dem Psychoanalytiker und Psychiater John Bowlby formuliert, der in den 1950er Jahren klinisch-psychoanalytische und evolutionsbiologische Ansätze und Betrachtungsebenen zur Grundlage seiner Forschung und seiner Publikationen machte. Die Bindungstheorie bietet ein Konzept zur Erklärung der menschlichen Neigung, enge emotionale Beziehungen zu anderen zu entwickeln, und ist zugleich ein Modell der Bedeutung früher Erfahrungen in den ersten Bindungsbeziehungen für die spätere sozioemotionale Entwicklung (Grossmann, Fremmer-Bombik, Rudolph u. Grossmann, 1988). Bowlby (1980) beschrieb seine Theorie insbesondere auch für das therapeutische Handeln – wie das obige Zitat deutlich macht – und prägte in diesem Zusammenhang (1980, 1983) den Begriff der »multiplen Arbeitsmodelle«. Hier ging er von der Beobachtung aus, dass Beschreibungen seiner Patienten über die Beziehung zu ihren Eltern teilweise nicht übereinstimmend waren und den Patienten der enthaltene Widerspruch nicht bewusst war. Bowlby legte dar, dass mehrere Arbeitsmodelle nebeneinander existieren können, wenn widerspruchsvolle Erfahrungen in der Realität gemacht wurden. In Anlehnung an Tulving (1972) begründete er die Existenz dieser »multiplen Arbeitsmodelle« damit, dass ein semantisches und ein episodisches (bzw. autobiografisches) Gedächtnis nebeneinander bestehen können und dass ihr Inhalt nicht übereinstimmen muss. Bowlby (1980) sieht daher die Bewusstmachung und Bearbeitung dieser frühen widersprüchlichen Arbeitsmodelle und ihre Ablösung durch sichere Modelle als die Hauptaufgabe des therapeutischen Prozesses.

Diese Vorschläge für eine bindungsbezogene Psychotherapie werden bis heute als wertvoll und aktuell angesehen und von Psychotherapeuten aufgegriffen (vgl. z. B. Holmes, 2001; Strauss, Buchheim u. Kächele, 2002; Bateman u. Fonagy, 2006; Muller, 2013; Buchheim, 2016). Bowlby formulierte programmatisch fünf therapeutische Aufgaben aus der Sicht der Bindungstheorie (Bowlby, 1980): 1) Der Therapeut, die Therapeutin dient als sichere Basis für die Selbstexploration, 2) Reflexion der inneren Arbeitsmodelle in gegenwärtigen Beziehungen, 3) Prüfung der therapeutischen Beziehung, 4) Genese der inneren Arbeitsmodelle in den Bindungsrepräsentationen der Eltern, 5) Realitätsprüfung der »alten« inneren Arbeitsmodelle auf Angemessenheit.

Alte innere Arbeitsmodelle von Bindung sollten seiner Meinung nach an der Realität überprüft werden, um flexiblere, angemessenere neue Modelle zu entwickeln (Bowlby, 1980). Er forderte seine Patientinnen und Patienten konkret auf, darüber nachzudenken, wie sie heute ihren wichtigsten Bezugspersonen mit welchen Gefühlen begegnen. Er leitete sie behutsam an, ihr aktuelles Erleben mit demjenigen der Kindheit zu vergleichen und auf Wiederholungen zu achten. Auch die therapeutische Beziehung sollte überprüft und mit Selbst- und Elternrepräsentanzen verglichen werden (Bowlby, 1980, 1988). Aus bindungstheoretischer Sicht ist eines der Ziele von Psychotherapie, ein sicheres bzw. organisiertes inneres Arbeitsmodell von Bindung herzustellen, um eine Reaktionsbereitschaft auf Belastung beim Schutz- und Hilfesuchen sowie die Exploration neuer Bewältigungsstrategien verfügbar zu machen (Buchheim, 2016).

Aktuelle Psychotherapiestudien aus dem psychodynamischen Kontext belegen die Veränderbarkeit von unsicheren und desorganisierten zu sicheren bzw. organisierten Bindungsrepräsentationen, wie sie Bowlby (1980) vorgeschlagen hat (z. B. Levy et al., 2006; Taylor et al., 2015; Buchheim et al., 2012a, 2012b; Hörz-Sagstetter et al., 2016; Buchheim et al., 2017). Die Verbesserung von Selbst- und Beziehungsregulation und der Fähigkeit, eigene innere Prozesse und die anderer Menschen zu erkennen, zu verstehen sowie darüber zu reflektieren, sind Fokus psychodynamischer Verfahren, die durch etablierte Interviewmethoden (siehe Kapitel 2) zur Erfassung von inneren Arbeitsmodellen von Bindung mithilfe des »Adult Attachment Interviews« (George, Kaplan u. Main, 1985/1996; Main u. Goldwyn, 1985/1998) oder des »Adult Attachment Projective Picture Systems« (George u. West, 2012) abgebildet werden können. Der Anstieg von Bindungssicherheit zeigt sich beispielsweise in einer erhöhten Kohärenz im Narrativ der Patienten bzw. einer erhöhten Selbstwirksamkeit in den erzählten Geschichten zu bindungsrelevanten Bildern nach einem Jahr Behandlung (siehe Kapitel 3). Das Wissen um Charakteristiken von Bindungsmustern und deren Entstehung kann für Therapeuten gerade dann besonders hilfreich sein, wenn es in der Therapie um die Arbeit im Hier und Jetzt an der Veränderung von aktualisierten maladaptiven, verzerrten Selbst- und Objektrepräsentationen geht (Köhler, 1998, 2002; Buchheim u. Kächele, 2001, 2002, 2003; Buchheim, 2016).

# 2 Bindungsdiagnostik zur Erfassung von bindungsrelevanten unbewussten Prozessen

In seiner Trilogie stellte uns Bowlby (1969, 1973, 1980) ein entwicklungspsychologisches Modell mit nachvollziehbaren Implikationen für eine psychopathologische Entwicklung zur Verfügung. *Innere Arbeitsmodelle von Bindung* werden klassisch als Organisationsstrukturen beschrieben, die Aufmerksamkeit, Gedächtnis und Handlungen und später auch Sprache beeinflussen (Main, Kaplan u. Cassidy, 1985; Bretherton u. Munholland, 2008). Das bedeutet, dass innere Arbeitsmodelle die Wahrnehmung und Interpretation von Situationen sowie deren Antizipation steuern, was größtenteils unbewusst geschieht.

Im Bereich der klinischen Bindungsforschung lassen sich bezüglich der Operationalisierung bzw. des Erfassens der jeweiligen inneren Arbeitsmodelle zwei Hauptlinien aufzeigen. Zum einen hat die Erwachsenenbindungsforschung ihre Wurzeln in der klinischen Entwicklungspsychologie, in deren Kontext das Adult Attachment Interview (AAI, Main u. Goldwyn, 1985/1998) und das Adult Attachment Projective Picture System (AAP, George, West u. Pettem, 1999; George u. West, 2012) entwickelt wurden mit dem Fokus, Bindungsrepräsentationen in Bezug auf bindungsrelevante Themen wie Eltern-Kind-Beziehung, Trennungserlebnisse oder Verlust und Missbrauchserlebnisse anhand von Interviews valide zu erheben. Beide Instrumente eignen sich dazu, *unbewusste strukturelle* Aspekte von Bindung zu erfassen.

Zum anderen liegt eine zweite Wurzel in der Persönlichkeits- und Sozialpsychologie und der Forschung zu Einsamkeit bzw. Partnerbeziehungen. Traditionsgemäß überwiegen in diesem Feld Fragebogenmethoden zur Erfassung von Bindungsmerkmalen, die subjektive Einschätzungen wiedergeben (siehe Buchheim u. Strauss, 2002; Höger, 2002; Roismann et al., 2007; Ravitz et al., 2010; Kirchmann et al., 2017).

Im Folgenden werden die beiden Interviewmethoden AAI und AAP als klinisch wertvolle diagnostische Instrumente anhand von Kasuistiken im Kontext psychoanalytischer Behandlungen genauer beleuchtet.

## 2.1 Einführung in das Adult Attachment Interview (AAI)

Seit den 1980er Jahren hat das Adult Attachment Interview (AAI) zur Erfassung von Bindungsrepräsentationen bei Erwachsenen (George et al., 1985; Main u. Goldwyn, 1985–1996) zunehmend Verbreitung gefunden und wird bisher noch hauptsächlich in Forschungsstudien eingesetzt. Der Interview-Leitfaden ist so aufgebaut, dass durch die Abfolge von Fragen das Bindungssystem zunehmend aktiviert wird, das heißt, die Themen werden immer stressreicher (Schilderung der Beziehung zu den Bindungsfiguren → Kummer und Trennungserfahrungen → Verlust und Missbrauchserlebnisse). Die Befragten werden aufgefordert, anhand von 18 Fragen ihre autobiografische Geschichte bezüglich ihrer Bindungserfahrungen »aus dem Stand heraus« zu erzählen. In diesem Interview wird durch *spezifische Konkretisierung* (z. B. »Sie haben gesagt, die Beziehung zu Ihrer Mutter war wunderbar, fällt Ihnen dazu ein spezielles Ereignis ein, das diese Aussage veranschaulichen könnte?«) eine gewisse Stresssituation hergestellt, die die jeweiligen Bindungsstrategien »hervorlocken« soll. Die Technik des semistrukturierten Fragens dient demnach dazu, Abwehrprozesse (z. B. unbewusste Inkohärenzen, Idealisierung, Entwertung, Ärger, Verleugnung) sichtbar werden zu lassen, die nicht gedeutet werden. Bewertet wird, inwieweit ein Sprecher in der Lage ist, spontan seine Kindheitsgeschichte in einer kooperativen, kohärenten und plausiblen Art und Weise zu entwickeln (Hesse, 2008).

Im AAI sollen die Probanden nach einer Orientierungsfrage (Frage 1) zu den allgemeinen Familienverhältnissen ihre Beziehung zu ihren Eltern in der Kindheit zunächst auf einer allgemeinen Ebene beschreiben (Frage 2). Dann werden sie konkret nach Adjektiven gefragt, die diese Beziehung zur Mutter (Frage 3) und zum Vater (Frage 4) aus Kindheitsperspektive typischerweise charakterisieren, und wem sie sich von beiden näher gefühlt haben (Frage 5). Weitere Themen kreisen um Kummer (Frage 6), Trennung (Frage 7), Ablehnung (Frage 8) in Bezug auf wichtige Bindungsfiguren in der Kindheit und wie sich die Befragten damals in diesen Situationen verhalten bzw. wie ihre Bindungsfiguren darauf reagiert haben. Ein wesentlicher anderer Aspekt ist die Frage nach Bedrohung oder Misshandlungserfahrungen durch Bindungsfiguren (Frage 9) sowie nach Verlusten (Frage 13) von nahestehenden Personen in der Kindheit, deren genauen Umstände und die damit zusammenhängenden Gefühle damals und heute. Ein weiterer Fragenkomplex beschäftigt sich mit dem Einfluss der erlebten Kindheitserfahrungen auf die Persönlichkeit aus heutiger Sicht (Frage 10), warum die Eltern wohl so waren (Frage 11), ob es weitere elterngleiche Bezugspersonen gab (Frage 12), die Beurteilung einer Veränderung der Beziehung zu den Eltern (Frage 14) und die Bewertung der aktuellen Beziehung zu den Eltern (Frage 15) (falls sie nicht verstorben sind). Abschließend werden Fragen zu eigenen Kindern gestellt, die sich auf Trennung vom Kind (Frage 16) und Wünsche für die Zukunft des Kindes (Frage 17) beziehen, die aber auch eine zusammenfassende Bewertung der eigenen Rolle als Elternteil erzielen sollen (Frage 18).

Die Auswertung der Transkripte des Adult Attachment Interviews beurteilt die *Art und Weise* der Erzählung als maßgeblich für die aktuelle Repräsentanz von früheren bedeutsamen Erfahrungen, das heißt, *wie* erzählt wird, ist relevanter als das Inhaltliche. Die *Kohärenz des Diskurses* stellt das leitende Hauptkriterium der Auswertung im AAI dar (Main u. Goldwyn, 1985/1998); durch diese werden wichtige Kommunikationsmaximen nach Grice (1975) erfasst. Beurteilt wird, inwieweit ein Sprecher auf die Fragen des Interviewers kooperativ eingehen kann und eine wahrheitsgemäße (Qualität), angemessen informative (Quantität), relevante (Relevanz) und für den Zuhörer bzw. Leser verständliche, klare Darstellung (Art und Weise) seiner Kindheitserfahrungen geben kann.

Eine Person mit einer »*sicheren*« Bindungsrepräsentation (F) kann mit der Aufgabe, semantisches Wissen über die Kindheit anhand episodischer Belege zu verifizieren, flexibel umgehen; positive wie auch negative Erinnerungen können in ein insgesamt wertschätzendes Gesamtbild zusammengefügt werden; die sprachliche Darstellung ist nachvollziehbar und lebendig. Bringt eine Person eine »*distanzierte*« Bindungsrepräsentation (Ds – dismissing) mit, wird sie auf die AAI-Fragen hin »distanziert« ihre Narrative gestalten, indem sie auf die Fragen nur allgemein eingeht, sich an wenig Konkretes erinnert oder abblockt und den Interviewfluss subtil oder direkt boykottiert. Das Bewusstwerden von schmerzlichen Erinnerungen, die auftauchen könnten, muss dann deaktiviert werden, um ein allgemeines positives oder zumindest neutrales Bild der Bindungen in der Kindheit aufrechtzuerhalten; eine vermeidende Strategie, die im Kindesalter beispielsweise adaptiv war, um die Nähe zur zurückweisenden Bindungsperson zu erhalten. Wird die Aufmerksamkeit von Bindungsbedürfnissen weggelenkt, äußert sich das bei Erwachsenen sprachlich in kargen Antworten oder idealisierten, skriptartigen Aussagen ohne wahrhaftigen Beleg. Dagegen verlieren sich Personen mit einer »*verstrickten*« Bindungsrepräsentation (E – enmeshed) in Details, wenn sie über Vergangenes gefragt werden, die sie – weil sie diese Erlebnisse immer noch konflikthaft erleben – in der Gegenwart formulieren und oszillieren zwischen positiven und negativen Bewertungen hin und her (Buchheim u. George, 2012).

Die Skalen »unverarbeiteter Verlust« und »unverarbeitetes Trauma«, die auf einen »*unverarbeiteten Bindungsstatus*« (U) hinweisen, sind für die Betrachtung von Psychopathologie von besonderer Bedeutung, sodass an dieser Stelle bereits eine genauere Erläuterung der Auswertung durch das AAI sinnvoll erscheint: Die Beurteilung der Kategorie »*unverarbeitete Trauer*« wird erschlossen aus: sprachlichen Auffälligkeiten (lapses of thought and reasoning), ängstlichen oder irrationalen Schilderungen früher Verluste von Bindungspersonen, beispielsweise Vorstellungen über eigenes Verschulden des Todesfalls, der Überzeugung, dass die verstorbene Person noch unter den Lebenden ist, logischen Fehlern wie Verwechslung von Subjekt und Objekt oder Raum und Zeit, ungewöhnlicher Detailgenauigkeit sowie deutlich langen Schweigepausen.

Die Beurteilung der Kategorie »*unverarbeitetes Trauma*« wird erschlossen aus einer vorübergehenden mentalen Desorientierung der befragten Person, die während des AAI Anzeichen dafür liefert, dass Missbrauchs- oder Misshandlungserfahrungen noch nicht verarbeitet worden sind. Dies zeigt sich beispielsweise in irrationalen Überzeugungen über die eigene Rolle am Geschehen oder in der wiederholten Verleugnung der erlebten Tat, was sich in einem Oszillieren zwischen Berichten über die Art der Missbrauchserfahrung und einem anschließenden Abstreiten, dass dieser Missbrauch überhaupt stattgefunden hat, abbildet (Buchheim u. George, 2012; Buchheim u. Kächele, 2001, 2002, 2003).

In knapp 25 Jahren sind inzwischen weltweit mehr als 200 Studien mit dem AAI veröffentlicht und mehr als 10.500 Interviews durchgeführt worden. Die Autoren der ersten Metaanalyse unterzogen alle bis zum September 2008 veröffentlichten Studien, die mit dem AAI und unter Verwendung der Auswertungsmethode nach Main und Goldwyn (1985/1998) durchgeführt wurden, einer zweiten, weitaus umfangreicheren Metaanalyse (Bakermans-Kranenburg u. van IJzendoorn, 2009). Die ausführliche Zusammenfassung der ersten 10.000 Adult Attachment Interviews in klinischen und nichtklinischen Gruppen zeigt folgende Verteilungen (Bakermans-Kranenburg u. van IJzendoorn, 2009): Bei gesunden Müttern, Vätern, Jugendlichen und Studenten und bei den Stichproben aus verschiedenen Kulturkreisen ergaben sich bei dreifacher Klassifikation jeweils zu etwas mehr als der Hälfte sichere Bindungsrepräsentationen. Ungefähr ein Viertel der Bindungsmuster (bei Jugendlichen, Studenten und europäischen Stichproben etwa ein Drittel) entfielen auf bindungsdistanzierte Bindungsrepräsentationen.

In kombinierten klinischen Stichproben fanden sich bei einer sogenannten 3-fach-Verteilung 37 Prozent distanziert, 27 Prozent sicher und 36 Prozent verstrickt. Demnach gehörte eine große Mehrheit (73 Prozent) der klinischen Gruppen den »unsicheren« Bindungsrepräsentationen an. Nahm man die Kategorie »unverarbeitetes Trauma« hinzu (4-fach-Verteilung), ergab sich folgende Verteilung: 23 Prozent distanziert, 21 Prozent sicher, 13 Prozent verstrickt und 43 Prozent unverarbeitetes Trauma (U). Demnach war die U-Kategorie in den klinischen Gruppen stark überrepräsentiert.

Zusammenfassend kann festgehalten werden: In den aktuellen klinischen Stichproben zeigen, wie erwartet, weniger als die Hälfte der untersuchten Patientinnen und Patienten sichere Bindungsrepräsentationen, mehr als doppelt so häufig zeigen sie Muster mit unverarbeitetem Status und deutlich häufiger distanzierte oder verstrickte Repräsentationen. Das prädominante Vorliegen eines unverarbeiteten Verlustes oder Traumas im AAI scheint nach den bisherigen Befunden deutlich mit einer Borderline-Persönlichkeitsstörung in Zusammenhang zu stehen (z. B. Agrawal, Gunderson, Holmes u. Lyons-Ruth, 2004; Levy, Ellison u. Scott, 2011; Buchheim, 2011; Buchheim u. George, 2011; Buchheim et al., 2017).

## 2.2 Die klinische Anwendung des AAI

Warum ist das AAI als diagnostisches Instrument für die Anwendung im klinischen Bereich sinnvoll? Beispielsweise im Kontext von Gerichtsgutachten, um die Fähigkeit von Erwachsenen zu beurteilen, die Elternrolle einzunehmen; in Adoptionsverfahren, ob Erwachsene für die Adoption von Kindern geeignet sind; als prädiktives Instrument in der Psychotherapieforschung; als Methode, um eine differenzielle Zuordnung von Bindungsrepräsentationen bei psychopathologischen Krankheitsbildern vorzunehmen; als Instrument zur Messung von strukturellen Veränderungen durch Psychotherapie.

Das AAI enthält Fragen, die ätiologisch relevant sind (Steele, Steele u. Murphy, 2009; Buchheim u. George, 2012): 1) Fragen zu negativen Erfahrungen und den damit verbundenen Gefühlen, wie sie jeder in seiner Kindheit erfahren hat: emotionale und/oder körperliche Verletzung, Krankheit, Trennung von den Eltern; 2) Fragen zu negativen Erfahrungen und den damit verbundenen Gefühlen, die Bestandteil der Kindheitserfahrungen mit einigen Personen sind, wie etwa Verlust und Missbrauch; 3) Fragen, die den Sprecher zum Nachdenken über die mögliche Bedeutung und den Einfluss von Bindungserfahrungen im Kindesalter auf die erwachsene Persönlichkeit veranlassen. In der Durchführung des AAI ist es wesentlich, dass die Erfahrungen der Befragten mit wichtigen Bezugspersonen detailliert und konkret exploriert werden. Diese Vorgehensweise bietet nützliche Anhaltspunkte, *wie* die erinnerten Erfahrungen *integriert* wurden.

Im Hinblick auf Psychoanalysepatientinnen und -patienten aus der eigenen Werkstatt diskutierten wir (siehe dazu Buchheim u. Kächele, 2001, 2002, 2003) im Dialog spezifische Konvergenzen und Divergenzen der bindungstheoretischen und psychodynamischen Betrachtungsweise, indem der klinische Eindruck des Psychoanalytikers (HK) den Auswertungen der Bindungsforscherin (AB) aus dem Adult Attachment Interview gegenübergestellt wurde. Im Folgenden wird eine Kasuistik (Buchheim u. Kächele, 2002) dargestellt, in der das AAI im Kontext eines Erstinterviews als informative Diagnostik für die Beobachtung von szenischem Material dient.

## 2.3 Kasuistik: Das AAI als Erstinterview und seine szenische Information

Die Kasuistik behandelt den Nutzen des Adult Attachment Interviews, um Vergangenes im Hier und Jetzt in einer psychoanalytischen Erstinterviewsituation zu evaluieren. Hypothese war, dass das

AAI für den Kliniker potenziell interessante szenische Informationen enthält, die zur Formulierung einer Psychodynamik verwendet werden können. Das Zusammenspiel dieser beiden Perspektiven wird anhand des Einzelfalls einer depressiven Patientin mit chronifizierter Migräne und einer unverarbeiteten Verlusterfahrung auf dem Boden einer narzisstisch-hysterischen Persönlichkeitsstruktur veranschaulicht:

Zum Erstinterview kam zu mir (AB) eine dreißigjährige attraktive, sehr locker, sommerlich bekleidete Patientin, die das Gespräch mit dem Satz begann: *»Mein Hund stirbt heute, deshalb schaue ich so aus.«* In dem Moment stiegen ihr Tränen in die Augen. Es kam mir so vor, als brauche sie dieses traurige Ereignis als Eintrittskarte, um über sich selbst sprechen zu können. Ihre Traurigkeit versucht sie dann mit einem fröhlichen Lachen zu vertuschen. Ich muss zugeben, dass ich beim Nachdenken über das Erstinterview und bei der damaligen schriftlichen Ausarbeitung diesen Satz nicht weiter wichtig nahm, obgleich ich ihn mir gemerkt habe. Was mir jedoch anhaltenden Eindruck machte, war ihre leidvolle Hilflosigkeit gegenüber wiederholten Erfahrungen von Beziehungsabbrüchen. Gleich in der ersten Stunde testete sie mich etwas »übergriffig« mit dem Satz: *»Kann man mit Ihnen über Sex sprechen?«*

Im nachfolgenden AAI schilderte die Patientin auf deutlich inkohärente Weise ihre Erinnerungen an die Beziehung zu ihren Eltern:

Sie spricht von einer *»ganz lieben Mutter«*, zu der sie ein *»super gutes Verhältnis«* gehabt habe. Zum Vater habe sie eine *»Nicht-Beziehung«* gehabt, weil er nie da war; sie hatte Angst vor ihm und einen *»Höllen-Respekt«*. Auf die Bitte nach Konkretisierung der Beziehung zur Mutter anhand von fünf Adjektiven und *episodischen* Erinnerungen, die diese Charakteristiken der Beziehung untermauern, hält die Patientin an überwiegend positiven Erinnerungen fest. Repetitiv erzählt sie von nicht individuell klingenden Spielsituationen auf dem Abenteuerspielplatz mit ihrer Mutter. Nebenbei erwähnt sie Eifersuchtsszenen der Mutter auf ihren pubertären Körper sowie Mutters »*Reinigungsfimmel*« und »*Unglücklichsein*«. Auf die Frage zur Charakterisierung der Beziehung zum Vater fällt ihr sofort wieder ein, dass sie Angst vor ihm hatte. Sie erinnert, wie der Vater sie auf einen hohen Küchenschrank gesetzt hat oder ihr eine Zigarette auf dem Schenkel ausdrückte. Das Ausmaß der Bedrohungen – die den Charakter von Deckerinnerungen tragen – wird von ihr nicht ausgearbeitet, vielmehr schwenkt sie unbemerkt auf Szenen über, die ihren Vater als einen Charmeur und patenten Kerl erscheinen lassen. Übergangslos findet sie sich in ihrer Erinnerung dann in gewalttätigen Situationen wieder, in denen der Vater »*Wandregale herunterriss, die Mutter bedrohte und im Suff unberechenbar wurde*«. Als bei ihr die Entscheidung mit sechs Jahren anstand, ob sie zum Vater oder zur Mutter ziehen wollte, tat sie sich unheimlich schwer, aus Angst davor, den Vater zu enttäuschen.

Der nächste Fragenabschnitt im AAI widmet sich Erinnerungen an Kummererfahrungen, Trennungen und Bedrohungen. Eine Zuspitzung erfährt das Interview mit Fragen über frühe und/oder aktuelle Verlusterfahrungen durch Tod. Die Patientin inszenierte nun eine eindrückliche Sequenz. Die folgende Passage stellt einen Auszug aus einer sich über zweieinhalb Seiten hinziehenden Antwort auf die Frage nach Verlusten durch Tod von wichtigen Personen im Lebenslauf dar: Zunächst spricht die Patientin von Verlusten ihrer Großmutter (P. neun Jahre) väterlicherseits und ihres Großvaters mütterlicherseits (P. 25 Jahre), die sie »*wenig berührten*«. Bevor sie zur Darstellung des Todes ihres Vaters vor drei Jahren kommt, erinnert sie zunächst sexualisierende Bemerkungen des damals noch lebenden Vaters:

P: »*Ja, wir hatten ja schon länger keinen Kontakt mehr. Ich hab ihn irgendwann auf der Straße zur Rede gestellt, nachdem er mich, also: Hatte ich einen weiten Mantel an, ›dann war ich schwanger‹; hatte ich einen weiten Pulli an, ›war ich schwanger‹*«.

Daran schließen sich unmittelbar Erinnerungen an Gewalttätigkeiten des Vaters an, die schließlich zu einem völligen Kontaktabbruch führten:

P: *»Da hat er mir dann die Tür eingetreten, weil er unbedingt reinwollte, und ich wollte ihn nicht reinlassen. Im Endeffekt weiß ich gar nicht, was er überhaupt wollte, weil er dann halt gegangen ist. Ja, und auf jeden Fall aufgrund dieser Vorfälle und unserer nicht vorhandenen Beziehung, die wir zueinander hatten, hat sich das total im Sande verlaufen.«*

Übergangslos schildert sie dann eine erneute Wiederbegegnung mit dem Vater (nach sechs Jahren), und hier spielt ein Hund als »Vermittler« eine Rolle:

P: *»Und irgendwann bin ich dann am Garten vorbei, war er tatsächlich drin, dann hab ich so gegrüßt, sag ich: ›Guten Tag, Herr S.‹, weil ich wusste ja gar nicht, wie ich ihn nennen soll, sagte er: ›So, guten Tag.‹ Ich sagte: ›Ja, du weißt jetzt auch nicht, wo du mich hintun sollst?‹ Da sagte er: ›Nein, tut mir leid, im Moment kann ich Sie nicht zuordnen.‹ (lacht) Ich sagte: ›Ja, ich bin's, deine Tochter.‹ Er: ›Ach ja, komm rein.‹ Dann war er auch sehr nett, sehr höflich, hat mir auch was zu trinken angeboten, den Hund bewundert, wir haben uns also oberflächlich unterhalten.«*

Wir können bisher zusammenfassen: Auf die Frage nach dem Tod des Vaters schildert die Patientin zunächst drei Szenen mit dem noch lebenden Vater, die beim Zuhören wie Einsprengsel vorkommen und eine erschlagende Intensität erreichen: Sexualisierung, Gewalt und bedrückende Wiederbegegnung am Gartenzaun – als ob sie den Vater prolongiert lebendig halten müsse, bevor sie sich auf die ursprünglich gestellte Frage einlassen kann. Schließlich spricht sie über den Tod des Vaters und die Beerdigung:

P: *»Ja, und dann sind wir auf die Beerdigung, oh, ich hatte solche Angst, mein Bruder auch, wie die Verwandtschaft reagiert ... und dann halt* *sind wir mit raus ans Grab und dann standen da stand da so ein Eimer mit Blumen, lauter rote Rosen und zwei gelbe. Ich glaub, da hat seine Frau schon ganz richtig eingekauft, aber ja, ich hab die dann stehen lassen.«*

Auf die Frage, ob der Tod des Vaters in ihrem Leben etwas verändert habe, antwortet sie stockend:

P: »*Nee. Ich dachte erst, das wäre vielleicht jetzt, ich würde nicht mehr so oft über ihn nachdenken. Also es ist ja nicht so, dass ich dauernd über ihn nachdenke, aber irgendwo ja, als wäre er nicht so; bewusstes Nachdenken,* als wäre er halt immer so anwesend. *Und das hab ich jetzt lange Zeit oft nicht. Dass ich; also da denk ich überhaupt gar nicht an ihn.«*

Der Leser wird durch die Detailgenauigkeit der Beerdigungsszenerie mit den zwei gelben Rosen überrascht, fast gewinnen die zwei Rosen = zwei Kinder magische Qualität. Die AAI-Methodik bewertet die vorherige lange Passage als Kohärenzverletzung (Quantität), da die Patientin unbemerkt drei ausführliche Szenen schildert, die die eigentliche Frage zunächst nicht beantworten. Psychodynamisch gesehen birgt dies jedoch eine in sich eindrückliche Inszenierung, eine szenische Information (Argelander, 1961). Daraufhin fällt die sprachliche Desorientierung der Patientin auf, als sie schließlich über den Tod des Vaters erzählt. Hier stechen die seltsame Detailgenauigkeit sowie die widersprüchliche Passage ins Auge, in der nicht klar wird, ob sie an den Vater noch denkt oder nicht, ob er für sie tot ist oder nicht. Letzteres Merkmal wird in der AAI-Methodik als Hinweis dafür gesehen, dass Verarbeitungsprozesse bezüglich des Todes noch nicht abgeschlossen sind.

Meine Arbeitshypothese, gewonnen aus dem Erstinterview und dem AAI, verdichtete sich wie folgt: Die Patientin präsentiert als Symptomatik depressive Einbrüche in Konfliktsituationen, die sich als »Totstellhaltung« manifestieren, sowie chronifizierte Migräneanfälle und Beziehungsschwierigkeiten. Die Eingangsszene deutet darauf hin, dass die Patientin zentrale Gefühle mit Tod assoziiert (»Mein Hund stirbt heute, deswegen schaue ich so aus«). Der Tod des Vaters der Patientin liegt drei Jahre zurück – erst später in der Analyse erinnert die Patientin, dass sie den Vater einmal »menschlich« erlebte, nämlich als er beim Tod eines Hundes weinte. Nach dem Verlust des Vaters beginnen die depressiven Einbrüche und starken Rückzugstendenzen der Patientin mit Phasen, in denen sie sich wie tot stellt und den Kontakt mit der Welt abbricht. Der Tod des Vaters wirkt arretiert und unverarbeitet, stattdessen tauchen affektgeladene, sexualisierte Themen auf (AAI-Verlustfrage: Erinnerung an die Bemerkungen des Vaters zu einer vermeintlichen Schwangerschaft; Erstinterview: »Kann man mit Ihnen über Sex sprechen?«). Ihre Angst, die Mutter zu belasten (Parentifizierung) und vielleicht damit auch zu verlieren, erklärt einerseits ihren Wunsch, die Mutter von der Beerdigung fernzuhalten. Andererseits könnte man vermuten, dass die Patientin sich in dieser Abschiedssituation (Sehnsucht, den Vater einmal allein zu besitzen) nicht triangulierungsfähig zeigte, was auf eine pseudoödipale Entwicklung hinweisen könnte.

Diese Kasuistik sollte herausarbeiten, dass das Beobachten des Umgangs mit den Fragen aus dem AAI im Rahmen einer Erstinterviewsituation szenische Informationen liefern kann, die psychodynamisch verwertbar sind. Rekonstruierend ist anzunehmen, dass es sich bei der Patientin mit einer überwiegend schwachen, hilflosen Mutter in der Kindheit um sexualisierende, pseudotriangulierende Manöver handelte, um den Vater für sich zu gewinnen, der ihr wiederum als wirkliche Bindungsfigur nicht zur Verfügung stand, sondern übergriffig und bedrohlich war. Die Sehnsucht nach ihrem Vater wurde lange durch Hassgefühle verdeckt, die übergriffig-erotischen Aspekte wurden verdrängt, das Trauern um ihn im Agieren erstickt. Das Verhalten der Patientin im AAI brachte diese Vorgänge zum Vorschein: Sie berichtete unbemerkt (und ungefragt) ausschweifend von sexualisierenden und gewalttätigen Situationen mit dem Vater, bevor sie zur eigentlichen Frage nach dem Verlust des Vaters und den Auswirkungen kommt. Im psychoanalytischen Erstinterview wiederholte sich diese Verknüpfung: Es vermischten sich auf diffuse Art und Weise die Trauer der Patientin um einen gerade verstorbenen Hund und die überraschende Frage an die Analytikerin, ob man mit ihr auch über Sex sprechen könne.

Das wissenschaftliche AAI-Transkript deckte trotz der anfänglichen Idealisierung der Mutter die massive Bindungsverstrickung mit dem Vater sowie die unverarbeitete Trauer um dessen Verlust auf. Um die Vermeidung ihrer Trennungsangst in der 300-stündigen Analyse zu verstehen, nutzte nicht das Konzept der Vermeidung, sondern das Erkennen, dass sich dahinter eine Traumatisierung verbarg, die ihre Isolationstendenzen (Rückzug aus der Welt, Weltschmerzgefühle) immer wieder aufs Neue unbewusst mobilisierte. In meiner Rolle als Analytikerin und Bindungsforscherin habe ich das A-priori-Wissen um die unverarbeitete Verlusterfahrung, den massiven Ärger auf den Vater und ihren lebensnotwendigen Versuch, die Mutter zu verteidigen, als hilfreich für das Verständnis ihrer symbolträchtigen Symptomatik erlebt. Gerade auf unsere Analysepausen, die sie vordergründig vermeidend als »wohltuend« betitelte, folgten meist Totstellreaktionen und chronische, bleierne Müdigkeit, die ihr unverständlich waren. Schmerzvoll tastete sich die Patientin an eine neue Bewertung der Vergangenheit heran: Ihre lang bestehende parentifizierende Strategie – nämlich die Mutter nicht zu beanspruchen, zu verteidigen, sie so lange wie möglich innerlich als »lieb« zu repräsentieren, gleichzeitig um jeden Preis unabhängig von ihr zu bleiben – konnte nach und nach gelockert und relativiert werden. Die bis dahin verdrängten negativen episodischen Erinnerungen an Schutzlosigkeit und Hilflosigkeit wurden offener betrachtet. Es veränderten sich die namenlose Wut auf den Vater und die traumatisch bedingte Erstarrung, als sie unerwartet erinnerte, dass der Vater einst beim Tod eines geliebten Hundes bitterlich weinte, und sie ihn von einer anderen Seite kennenlernte. In diesem Zusammenhang fiel ihr ein, dass sie noch niemals um den schon lange verlorenen Vater getrauert hatte, dass es ihr nicht einmal einfiel zu weinen, und wie erlösend es sein könnte, dies nachzuholen.

In einem Follow-up nach drei Jahren Behandlung wurde die Patientin erneut mit dem AAI interviewt und wies nun eine »sichere Bindungsrepräsentation« auf, da sie in der Lage war, ihre jetzigen Gefühle besser zu integrieren und aus einer Vogelperspektive zu betrachten. Sie erinnerte sich an ihre erste Interviewsituation und verknüpfte unsere analytische Arbeit mit einem neuen Blickwinkel, einer neuen Bewertung der Beziehung zu den Eltern. Dies soll an folgendem Interviewausschnitt deutlich werden:

Wie würden Sie die Beziehung zu Ihren Eltern beschreiben?

*»Ich weiß noch, dass ich immer gesagt habe, meine Mutter ist eine ganz Liebe. Sie haben mir das erstmal gelassen, dann haben wir es genauer angeschaut, ich sehe es heute anders und verstehe, warum ich mich immer so verlassen gefühlt habe [...] Zu meinem Vater hatte ich geglaubt, eine Nicht-Beziehung zu haben und dass er mir so was von egal ist und auch, dass der tot ist. In meinem einen Traum, als er mir erschienen ist, ist mir klar geworden, der ist doch nicht so unwichtig, und das hat heftig wehgetan, das hat dann echt Zeit gebraucht.«*

Gerade an diesem Beispiel wurde deutlich, wie hilfreich Bowlbys Zitat für die klinische Arbeit ist: »[...] es ist häufig hilfreich, den Patienten zu ermutigen, sich so detailliert wie möglich an tatsächliche Geschehnisse zu erinnern, damit er neu und mit allen entsprechenden Gefühlen sowohl seine eigenen Wünsche, Gefühle und Verhaltensweisen bei jeder speziellen Gelegenheit als auch das mögliche Verhalten seiner Eltern bewerten kann« (Bowlby, 1983, S. 88).

Das AAI ist im klinischen Alltag – neben seinen sehr wertvollen diagnostischen Hinweisen, die anhand der Kasuistik deutlich werden sollten – häufig zeitlich schwierig umzusetzen. Carol George, die Entwicklerin des AAI-Leitfadens, veröffentlichte 15 Jahre später ein Bilderverfahren, das weitaus zeitökonomischer in der Durchführung und Auswertung ist, ebenso mit Narrativen arbeitet und sich gerade in den letzten Jahren nicht nur in experimentellen, sondern auch in klinischen Studien als sehr valide herausgestellt hat. In klinischen Einzelfällen und Studien wurde auch das konstruktive Zusammenspiel von AAI und AAP beschrieben. Im Folgenden wird das Adult Attachment Projective Picture System (AAP) vorgestellt und anhand von Einzelfällen veranschaulicht.

## 2.4 Einführung in das Adult Attachment Projective Picture System (AAP)

Die Qualität von Bindung zu erfassen bedeutet entweder, das *Verhalten* zu beobachten und zu klassifizieren oder die internalisierten Arbeitsmodelle (Bindungsrepräsentanzen) über *Narrative* »beobachtbar« zu machen. Neben dem ursprünglichen System der Verhaltensbeobachtung bei Kindern, wie sie mit der »fremden Situation« standardisiert wird (Ainsworth, Blehar, Waters u. Wall, 1978), hat sich bereits Bowlby sehr mit *projektiven* Verfahren zur Erfassung repräsentationaler Bindung auseinandergesetzt. So stellt der »Separation Anxiety Test«, den er gemeinsam mit Klagsbrun entwickelte, eine Methode dar, die dazu dient, Antworten von fünfjährigen Kindern auf projektive Bilder mit Trennungs- und Verlustthemen in Hinblick auf deren internalisierte Bindungsrepräsentanz zu differenzieren (Klagsbrun u. Bowlby, 1976). Im Erwachsenenalter ist der narrative Zugang zu inneren Arbeitsmodellen von Bindung vor allem über ein diskursanalytisches Vorgehen von autobiografischen Erzählungen vorgenommen worden (siehe Adult Attachment Interview). Auch wenn das AAI viele methodische Vorteile mitbringt, hat es sicher Nachteile bezüglich seiner Zeitaufwendigkeit. Aufgrund dieser Kritik wurde immer wieder diskutiert, auf welche Weise – außer durch ein zeitaufwendiges Interviewverfahren – das Bindungssystem bei Erwachsenen noch aktiviert und damit erfassbar gemacht werden könnte.

Das Adult Attachment Projective Picture System (AAP) zur Erfassung der Bindungsrepräsentation wurde von George und Kollegen

(George et al., 1999; George u. West, 2001; George u. West, 2012) entwickelt. Das AAP ist ein projektives Verfahren, bestehend aus acht Umrisszeichnungen. Die Bilder enthalten nur so viele Details wie nötig, um das dargestellte Ereignis identifizieren zu können. Das Projektivset beginnt mit einem Aufwärmbild (neutraler Stimulus), darauf folgen sieben potenzielle Bindungsszenen (Kind am Fenster, Abfahrt, Bank, Bett, Krankenwagen, Friedhof, Kind in der Ecke). Durch die Reihenfolge soll graduell das Bindungssystem des Betrachters, der Betrachterin aktiviert werden (siehe Abbildung 1).

Die Autoren legten besonderen Wert darauf, eine valide Erhebung der Reaktionen auf vorgegebene, standardisierte Stimuli zu gewährleisten, indem sie Themen wie Krankheit, Trennung, Alleinsein und Bedrohung oder Verlust in die Bilderreihe aufnahmen (George et al., 1999). Darüber hinaus integrierten sie Themen, welche die *Verfügbarkeit einer Bindungsfigur* behandeln. Einige AAP-Szenen bilden *Dyaden* von zwei Erwachsenen (Abschied) oder einem Erwachsenen und einem Kind (Bett, Notarzt) ab und suggerieren dabei eine Bindungsbeziehung (Ehepaar, Mutter und Kind, Großmutter und Enkel). Andere sind monadisch, das heißt, sie stellen nur einen Erwachsenen (Bank, Friedhof) oder ein Kind (Kind am Fester, Kind in der Ecke) dar. Diese Szenen fordern den Betrachter dazu heraus, eine Beziehung internal zu konstruieren. Die Versuchsperson soll zu den Bildern jeweils eine Geschichte erzählen, die folgende Elemente enthält: *Wie kam es zu dieser Szene? Was denken oder fühlen die Personen?* Und: *Wie könnte es in der Geschichte weitergehen?*

Die AAP-Narrative zu den sieben (+1) projektiven bindungsrelevanten Bildern werden wörtlich transkribiert und nach festgelegten Kriterien (Markern) ausgewertet (George u. West, 2012). Die Vorgehensweise gliedert sich in drei Abschnitte: Diskurs, Inhalt und Abwehr (siehe auch Buchheim u. George, 2012; Buchheim, Gander u. Juen, 2014).

Bezüglich des *Diskurses* wird beurteilt, inwieweit die befragte Person eigene biografische Erfahrungen *(Personal Experience)* in der Geschichte in »Ich-Form« einbringt und damit die Grenzen zwi-

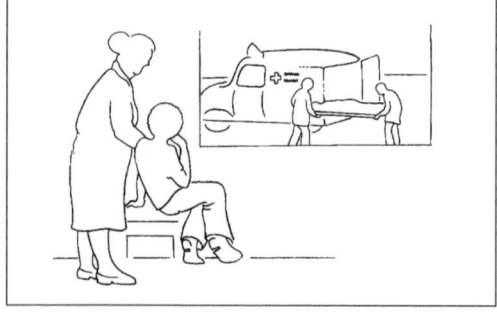

Abbildung 1: AAP-Bilder: Kind am Fenster, Bank und Krankenwagen.
© George et al., 1999. All rights reserved.

schen hypothetischer Geschichte und autobiografischer Erfahrung verschwimmen.

Die *Inhaltsmarker* sollen in erster Linie abbilden, wie Beziehungen in den Geschichten dargestellt werden. Sie betreffen also den tatsächlichen Inhalt, beispielsweise ob eine Person handlungsfähig ist und sich als handlungswirksam erlebt *(Selbstwirksamkeit),* ob eine Verbindung zu anderen Personen *(Verbundenheit)* besteht bzw. wie eine Beziehung ausgeprägt ist *(Synchronizität).*

Die Analyse von *Abwehr* beinhaltet – in enger Anlehnung an Bowlbys Beschreibung von Abwehrprozessen (Bowlby, 1980) – die Identifizierung von Markern zu den drei Formen der Abwehr: Deaktivierung, kognitive Entkoppelung und abgetrennte Systeme.

Mit Markern zur *Deaktivierung* kommt in der konstruierten Geschichte zum Ausdruck, dass die beschriebenen Charaktere Bindung oder den Einfluss von Bindung minimieren, entwerten oder ausblenden. Dazu gehören beispielsweise *Themen der Stärke, Macht, Leistung und Autorität sowie der Zurückweisung, Kälte oder negative Bewertungen.*

*Kognitive Entkoppelung* wird bei Markern klassifiziert, die eine Form des verzerrten Zugangs zu bindungsrelevanten Themen über widersprüchliche, gegensätzliche Bilder zum Ausdruck bringen oder Bewertungen bzw. Ereignisabläufe beinhalten, die tendenziell abgespalten oder konflikthaft wirken. Dazu zählt man *Unsicherheit, den Ausdruck von Ärger, Konflikt und Wut sowie Geschichten ohne roten Faden.*

Von einem *abgetrennten, isolierten System* spricht man, wenn Hinweise auf einen unverarbeiteten Bindungsstatus auftauchen. Elemente der Bedrohung, des Verlustes oder der Isolation werden deutlich und können nicht in die Geschichte integriert werden oder vereinnahmen das gesamte Narrativ. Dies sind etwa *Themen der Isolation, Schutzlosigkeit, Bedrohung und Gefahr,* aber auch ein *Verlust des Realitätsbezugs.* Auch das vollständige Zurückweisen der Aufforderung, eine Geschichte zu erzählen *(Konstriktion),* wird als Isolierungsversuch gewertet. Wenn solche Elemente auftauchen, wird in einem nächsten

Schritt beurteilt, inwieweit die bedrohliche Situation aufgelöst oder wieder integriert werden kann, beispielsweise in Form von Schutz, Aktivität oder einer internalisierten, sicheren Basis. Eine Geschichte wird dann als nicht verarbeitet bewertet, wenn eine Integration oder ein Containment des Materials in der Geschichte nicht erkennbar wird, das alleinige Auftauchen isolierter Systeme reicht dafür also nicht aus. Die Bindungsorganisation scheint bei diesen Geschichten zusammengebrochen zu sein. Aufgelöst oder »contained« wird das segregierte Material beispielsweise durch *Handlungsfähigkeit, Denkaktivität* oder auch durch *Auftauchen externer Hilfe durch Bindungspersonen oder andere Personen.*

Die Charakteristika der vier Bindungsrepräsentationen des AAP werden im Folgenden zusammengefasst und später anhand von Kasuistiken veranschaulicht (siehe auch Buchheim et al., 2014).

Geschichten von *sicher gebundenen Probanden* (F) enthalten Personen, die auf eine internalisierte sichere Basis zurückgreifen, indem sie nachdenken oder Beziehungen als sicheren Hafen aufsuchen, Freude erleben und Synchronizität sowie bei Kummer Trost erfahren. Die Geschichten enthalten eine klare Identität. Falls bedrohliche Ereignisse auftreten, werden diese gelöst bzw. integriert.

Geschichten von *bindungsdistanzierten* (Ds) Individuen berichten häufig über Personen mit funktionalen Beziehungen (z. B. »Die Mutter bringt dem Kind eine Suppe«, »Das Paar flirtet am Bahnhof«), beinhalten Stereotype oder Zurückweisung von Nähe (z. B. »Die Mutter verweigert dem Kind eine Umarmung«). Die typische Abwehrform der »Deaktivierung« wird in diesen Narrativen deutlich sichtbar.

Geschichten von *bindungsverstrickten* (E) Personen sind geprägt von einer basalen Unsicherheit, sich für eine Linie zu entscheiden (keine klaren Identitäten, Zeitpunkte). Vage Angaben (z. B. »Das Leben geht weiter und weiter«, »Ich weiß nicht«), Konflikte (Streit, Ärger) und die Unfähigkeit, konstruktiv zu handeln (z. B. »Sie bleibt auf der Bank lange Zeit alleine sitzen«), sind hier charakteristisch.

Ein *desorganisierter Bindungsstatus* (unverarbeitetes Trauma = U) wird klassifiziert, wenn das Individuum nicht in der Lage ist, bedrohliche Inhalte (z. B. Gefahr, Hilflosigkeit, Misshandlung) zu integrieren und einer konstruktiven Lösung zuzuführen. In diesen Geschichten greifen Personen auf keine internalisierte sichere Basis zurück (Hilfe holen, nachdenken) und können nicht handeln (z. B. sich schützen, nach Hause gehen, sich ablenken), um sich zu reorganisieren.

Ähnlich wie die Instrumente zur Selbsteinschätzung ist das AAP »benutzerfreundlich« bezüglich methodischer Möglichkeiten und Training; Anwendung, Transkription und der Klassifikationsprozess sind insgesamt verkürzt. Daten zur Reliabilität und konvergenten Validität mit dem AAI sind im angloamerikanischen Raum (siehe ausführlich bei George u. West, 2012) und für den deutschsprachigen Raum sowohl in klinischen als auch gesunden Stichproben sowie für Jugendliche mehrfach belegt worden (Buchheim u. George, 2011, 2012; George u. Buchheim, 2014; Gander, George, Pokorny u. Buchheim, 2016).

## 2.5 Die klinische Anwendung des AAP

Das AAP hat seinen Schwerpunkt in der Analyse *unbewusster Abwehrprozesse* und sollte zudem Forschern die Möglichkeit geben, neue theoretisch relevante Bindungsmerkmale zu erfassen, die mit dem AAI nicht untersucht werden (z. B. Selbstwirksamkeit oder Synchronizität). Dabei handelt es sich zum Beispiel um die Vorstellungen Erwachsener über zielkorrigierte Partnerschaften, die Rolle der Selbstwirksamkeit sowie die Interaktionsqualität in Bindungsbeziehungen).

Es wurden zahlreiche Fragestellungen mit dem AAP im klinischen und nichtklinischen Setting mit unterschiedlichen Störungsbildern veröffentlicht (z. B. van Ecke, 2007; West u. George, 2002; Finn, 2011; Lis, Mazzeschi, Di Riso u. Salcuni, 2011; Webster u. Joubert, 2011; Buchheim, West, Martius, u. George, 2004; Buchheim, Labek, Walter u. Viviani, 2013; Buchheim et al., 2007, 2008, 2012a, 2012b, 2016; Buchheim u. George, 2011; George u. Buchheim, 2014; Gander,

Sevecke u. Buchheim, 2015; Bauriedl-Schmidt et al., 2017; Gander, Oberhofer, Sevecke u. Buchheim, 2017).

In den letzten Jahren ist der erhöhte Anteil der Bindungsklassifikation »*unverarbeitetes Trauma*«, gemessen mit dem AAI, stärker in den Fokus gerückt. Diesen stabilen Befund konnten wir mit dem Adult Attachment Projective Picture System (AAP) bei n = 218 Patienten und Probanden aus verschiedenen Stichproben replizieren (Juen, Arnold, Meissner, Nolte u. Buchheim, 2013).

Mehr als die Hälfte unserer untersuchten Patientinnen und Patienten (n = 218) hatten die Klassifikation »unverarbeitetes Trauma« (51,6 Prozent). Zusätzlich zur Klassifikation »unverarbeitetes Trauma« erfolgte eine differenzierte Analyse der bindungsdesorganisierten Narrative, um charakteristische Merkmale bei verschiedenen Störungsbildern (z. B. Posttraumatische Belastungsstörung – PTBS, Borderline-Persönlichkeitsstörung – BPS, Depression, Suchterkrankung) abbilden zu können (Juen et al., 2013). Die Bindungsklassifikationen unterschieden sich nicht nur zwischen Patienten und Gesunden, sondern auch innerhalb der klinischen Gruppen signifikant voneinander, wobei PTBS- und BPS-Patienten den höchsten Anteil an »unverarbeitetem Trauma« zeigten. Dieser Befund wurde in der Bindungsforschung mehrmals repliziert und unterstreicht, dass besonders die Patientinnen und Patienten mit einem erhöhten Ausmaß an erlebten Bindungstraumata in der Kindheit diese im Erwachsenenalter auf einer mentalen Reflexionsebene nicht verarbeiten konnten und eine spezifische emotionale Dysregulation in ihrer sprachlichen Darstellung zeigen, wenn sie mit diesen Erfahrungen konfrontiert werden. BPS-Patienten zeigten beispielsweise den signifikant höchsten Anteil an autobiografischem Material im Vergleich zu allen anderen klinischen Störungsbildern (Juen et al., 2013). Bei der Konfrontation mit den Bindungsbildern bezogen sie die Erzählungen stark auf ihre eigene Geschichte, und es wurde ihre Unfähigkeit, allein zu sein und sich an andere zu wenden, deutlich. Dagegen erzählten die PTBS-Patienten Geschichten, die gekennzeichnet waren von Erstarrung und Konstriktion.

Zur Illustration sollen die folgenden ausgewählten Beispiele dienen. Dazu wurde je ein Narrativ aus dem Gesamtinterview mit der Kodierung »unverarbeitetes Trauma« zum selben AAP-Bild (Bank) ausgewählt (siehe Abbildung 2; siehe auch Juen et al., 2013).

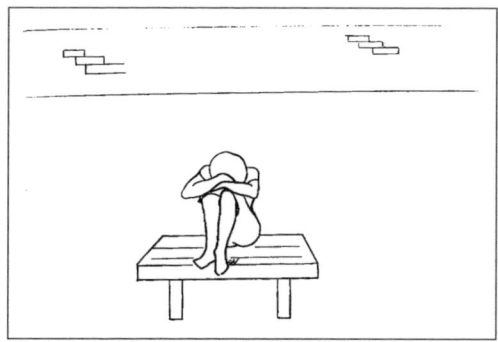

Abbildung 2: AAP-Bild: Bank.
© George et al., 1999. All rights reserved.

Bild »Bank«: Patientin mit einer Posttraumatischen Belastungsstörung:

*»Das könnte in einem Keller oder in einem Gefängnis sein. Die Person ist am Boden zerstört, voller Angst, Panik, traurig, sieht keinen Ausweg mehr.«* Wie könnte die Geschichte weitergehen? *»Keine Ahnung. Da sind auch keine anderen Personen, die helfen könnten. Die muss hier sitzen bleiben.«* Noch etwas? *»Nein.«*

Es wird deutlich, dass die Person in der Geschichte rasch in eine bedrohliche, Angst auslösende Szene förmlich hineinfällt und in einem Gefühl der Ausweglosigkeit verharrt und passiv wird. Es gibt keine Bewältigungsversuche, und es entstehen keine inneren Bilder, die aus der Angst und Ausweglosigkeit herausführen könnten. Diese Aspekte bilden Elemente der Symptomatologie der PTBS ab, bei der Patienten mit plötzlich auftauchendem Material (Intrusionen), Erstarren und Passivität (Vermeiden) und intensiver Affektivität (Arousal) überflutet werden.

Bild »Bank«: Patientin mit einer Borderline-Persönlichkeitsstörung:

*»Das ist eine Frau auf einer Bank. Vielleicht am Strand. Die ist vor irgendetwas davongelaufen. Sie hat sich die Hände verbrannt,* das ist mir auch schon mal passiert, *die Beine sind so zusammen und sie weint. Vielleicht wurde sie von ihrem Freund verlassen und weiß jetzt nicht mehr weiter. Kann sein, dass sie aus Verzweiflung ins Wasser springt, jedenfalls ist sie sehr traurig und wütend, aber auch zu Tode erschöpft. Sie ist völlig alleine da am Strand, aber sie möchte von der Welt ja ohnehin nichts mehr wissen.«* Was könnte als Nächstes passieren? *»Vielleicht geht sie auch zurück und verletzt sich selbst.«*

Die Grundaffekte der beschriebenen Person in der Geschichte sind Wut und Verzweiflung. Konzepte der Handlungsfähigkeit tauchen zwar auf, werden aber nur in destruktiver Weise wirksam (z. B. sich selbst verletzen). Es wird ein autobiografischer Bezug hergestellt, wenn es um Bedrohung (verbrannte Hände) geht. Destruktivität, intensive Affektivität wie Wut und Verzweiflung und ein Gefühl, darin gefangen zu sein, sind symptomatisch für Borderline-Patientinnen und -Patienten.

Bild »Bank«: Depressiv erkrankte Patientin:

*»Ein Mädchen sitzt auf der Bank, den Kopf in die Arme gelegt, sieht so aus, als ob sie über irgendetwas grübelt, aber nicht wirklich vorankommt. Sie ist so 13 Jahre alt und hat wahrscheinlich Schwierigkeiten in der Schule, kann sich nicht konzentrieren und ihre Hausaufgaben nicht machen. Sie weiß einfach nicht, wie sie die Schule schaffen soll. Sie ist verzweifelt. Sie findet keinen rettenden Gedanken, steht auf, wird aber morgen wieder da sitzen.«*

In diesem Narrativ kommt der verzweifelte Versuch zum Ausdruck, aus einem Gefühl der Orientierungslosigkeit, Ausweglosigkeit und Hilflosigkeit herauszukommen. Das Grübeln und das Handeln (von der Bank aufstehen) führen nicht weiter. Die Versuche, das aktivierte Bindungssystem zu beruhigen (mit Leistungsaspekten), scheinen nicht zu gelingen. Das Gedankenkreisen, sich orientierungslos und hilflos zu fühlen und nur eingeschränkt und wenig erfolgreich handlungsfähig zu sein, spiegeln die depressive Symptomatik wider.

Anhand der ausgewählten Narrative sollte deutlich werden, auf welch unterschiedliche Weise ein »unverarbeitetes Bindungstrauma« zum Ausdruck kommen kann. Der grundsätzliche überproportionale Anteil von desorganisierten Arbeitsmodellen in klinischen Stichproben liegt störungsunspezifisch vor (Metaanalyse von Bakermans-Kranenburg u. van IJzendoorn, 2009), aber die konkrete »Arbeitsweise« innerhalb dieser Kategorie scheint störungsspezifische Charakteristika zu haben, die es lohnt, differenzierter zu untersuchen, um sie beispielsweise im Kontext einer Therapieplanung einzusetzen (Finn, 2011; George u. West, 2012; Buchheim u. George, 2011).

Eine weitere Besonderheit des AAP ist seine Eignung für das *experimentelle Setting*. In den letzten Jahren entwickelten wir verschiedene Bindungsparadigmen mit dem AAP, um sowohl mithilfe der funktionellen Magnetresonanztomografie (fMRT) (Buchheim et al., 2008, 2012a, 2012b, 2016) als auch mit dem Elektroenzephalogramm (EEG) (Buchheim et al., eingereicht) sowie mit neuroendokrinen bzw. biometrischen Parametern (Oxytozin, Kortisol, Herzrate, Blutdruck) Korrelate von Bindung zu messen (Balint et al., 2016; Jobst et al., 2016; Wichmann et al., 2016; Krause et al., 2016; Labek, Viviani, Gizweski, Verius u. Buchheim, 2016). Dabei wurde das AAP entweder als Stimulusmaterial eingesetzt, um das Bindungssystem zu aktivieren, oder als Instrument, um Bindungsrepräsentationen im Zusammenhang mit Reaktionszeiten, endokrinen oder psychophysiologischen Parametern zu erfassen.

In der *psychosomatischen Forschung* fand das AAP als Stimulusmaterial Anwendung, um den Anstieg von Blutdruck und Herzrate bei Patienten mit Hypertonie zu untersuchen (Balint et al., 2016). Im Bereich der *Oxytozinforschung* eignete sich eine modifizierte Form des AAP, um die Wirkung des intranasal applizierten Oxytozins im Vergleich zu Placebo durch eine vorübergehend erhöhte Bindungsbereitschaft nachzuweisen (Buchheim et al., 2009). In einer Pilotstudie wurde das AAP-Interview als direkter Stimulus eingesetzt, um die erhöhte Oxytozinfreisetzung bei Müttern nach Abschluss der Bindungsaufgabe nachzuweisen (Krause et al., 2016). Eine experimentelle Studie bei Borderline-Patientinnen zeigte, dass Patientinnen mit einem unverarbeiteten Trauma eine niedrigere Oxytozinkonzentration hatten als jene mit einer organisierten Bindungsklassifikation. Die Veränderung im Oxytozinsystem wird jüngst als mögliches neurobiologisches Korrelat bei dieser Patientengruppe vorgeschlagen (Herpertz u. Bertsch, 2015) und zeigte hier einen Zusammenhang mit Bindungstraumata auf (Jobst et al., 2016).

Buchheim et al. entwickelten ein Paradigma mit dem AAP, das sich für die Anwendung in einem *fMRT-Experiment* eignete. Die Probanden wurden aufgefordert, im fMRT-Scanner zu den AAP-Bildern Geschichten zu erzählen. Eine größere Studie mit diesem Paradigma untersuchte neuronale Korrelate von Bindungstraumata bei Patientinnen mit einer Borderline-Persönlichkeitsstörung im Vergleich zu Gesunden (Buchheim et al., 2008, 2016). Hier zeigte sich, dass die BPS-Patientinnen im Vergleich zu Gesunden zu monadischen Bildern, die Alleinsein repräsentierten, signifikant mehr traumatische Inhalte erzählten und eine Aktivierung in einer Region des anterioren Cingulums (ACC) zeigten. Wir interpretierten diesen Befund als ein mögliches neuronales Korrelat von Schmerz und Furcht, gestützt durch die in den Narrativen gehäuft auftretenden traumatischen Inhalte. Deutlich wird, dass die Angst vor dem Verlassenwerden insbesondere dann aktiviert wird, wenn die Patientinnen sich vorstellen sollen, eine Konfliktsituation allein zu lösen, in der keine Bezugsperson direkt zur Verfügung steht.

In der Hanse-Neuro-Psychoanalyse-Studie setzten wir ebenso das AAP als individualisiertes Paradigma ein, um den *Therapieerfolg* einer psychoanalytischen Behandlung in einem neurobiologischen fMRT-Kontext zu untersuchen (Buchheim et al., 2012b, 2013). Der klinische Einsatz des AAP als therapeutisches Tool in der stationären und ambulanten Therapie wird in laufenden Arbeiten derzeit erarbeitet (siehe Kapitel 4).

Die folgende Kasuistik soll die Auswertungselemente des AAP und deren klinische Relevanz herausarbeiten.

## 2.6 Kasuistik: Patientin mit einer Angststörung

Die Zusammenhänge zwischen der Bindung von Müttern mit einer manifesten Angststörung und möglichen sich ausbildenden Verhaltensauffälligkeiten ihrer Kinder im Kindergartenalter wurden vor einigen Jahren erstmals im deutschen Sprachraum bezüglich der Weitergabe von Bindungsmustern untersucht (Buchheim et al., 2007; Künster et al., 2012). Diese sogenannte Ulmer Studie entstand in interdisziplinärer Kooperation zwischen der Klinik für Psychosomatische Medizin und Psychotherapie und der Klinik für Kinder- und Jugendpsychiatrie und Psychotherapie (Prof. Dr. Ziegenhain, PD Dr. Schulze, Prof. Dr. Fegert) des Universitätsklinikums Ulm. Aus dieser Studie stammt folgendes Fallbeispiel:

Frau Z. (36 Jahre) stellte sich bei uns mit dem Krankheitsbild von Ordnungs- und Kontrollzwängen, generalisierten Ängsten, Panikattacken und einer depressiven Entwicklung mit Burn-out-Symptomatik vor. Frau Z. war eine mittelgroße Frau, sportlich gekleidet und wirkte gepflegt. Im Kontakt war sie lebhaft und freundlich. Unterschwellig waren immer wieder massive aggressive Impulse (Verzweiflung, Wut, Scham) spürbar, die sie aber kontrollierte.

Anhand ihrer biografischen Anamnese sollen die Entstehungsgeschichte und Entwicklung ihrer Störung, die stetige Zunahme der Beschwerden sowie der Einfluss, den ihre Bindungsproblematik auf die Entwicklung ihrer Kinder nahm, veranschaulicht werden.

**Biografie**
Frau Z. wurde 1969 im Ausland als Tochter eines aus * stammenden Deutschen und einer englischsprachigen Mutter in * geboren. Aufgrund der Berufstätigkeit beider Eltern war sie die ersten sieben Lebensjahre ganztags in einem Kinderhort untergebracht. Sie beschreibt diese Zeit als ausgesprochen einsam und traurig. Ihr habe die Geborgenheit gefehlt und sie gehe sogar so weit, es als emotionale Vernachlässigung zu beschreiben. Nach außen schien man ihr diese Traurigkeit wenig anzumerken. Eltern und Großeltern hätten ihr später erzählt, dass sie ein sehr lebendiges Kind gewesen sei. Als sie sieben Jahre alt war, kam es zu einer mehrwöchigen Trennung von den Eltern, die sie zu Verwandten nach Deutschland in den Urlaub schickten. Sie fühlte sich wiederum allein und sehr fremd in der anderssprachigen Umgebung. Zu diesem Zeitpunkt wurde ihr Bruder geboren, die Mutter hörte auf zu arbeiten und die Familie zog innerhalb des Ortes in ein anderes Haus. Dort gab es mehr Spielmöglichkeiten. Auf den Bruder war sie von Anfang an eifersüchtig, was bis heute anhält. Die Ferien verbrachte sie häufig bei den in der Nähe lebenden Großeltern mütterlicherseits. Ihre Großmutter betrachtet sie noch heute als ihre wichtigste Bezugsperson. In dieser Beziehung kam es zu einem jähen Bruch, als die Patientin im Alter von zehn Jahren mit ihren Eltern nach Deutschland in die Heimat des Vaters umziehen musste. Die Beziehung zu ihrer geliebten Großmutter konnte Frau Z. von nun an nur durch Briefe aufrechterhalten. Nachdem sie Deutsch gelernt hatte, weigerte sie sich, ihre englische Muttersprache zu sprechen, und sprach mit ihrer Mutter kein Wort Englisch mehr. Dies entspricht ihrem Empfinden für die Beziehung zu ihrer Mutter, die sie als kühl und distanziert darstellt.

Im Adult Attachment Interview (AAI) beschreibt sie ihre Mutter als emotional unberechenbar. Mal sei die Mutter sehr nah und liebevoll, dann wieder sehr kühl und distanziert gewesen. Den Vater beschreibt sie dagegen berechenbarer in seinen Reaktionen, jedoch ebenfalls kühl, streng, fordernd und verfolgend. Dafür habe er »hundertprozentige« Sicherheit geboten. Ihm fühle sich Frau Z. emotional näher als der Mutter. Die häusliche Atmosphäre war von jeher von Streitigkeiten der Eltern geprägt. Sie beschreibt im AAI, dass immer Spannungen da waren, die sie erst viel später einordnen konnte. Die Mutter zog sich meist mit ihren Gefühlen »in ein Schneckenhaus« zurück. Dieses Zurückziehen ins »Schneckenhaus« in emotional schwierigen Situationen scheint ein generationsübergreifendes Verhalten zu sein. Frau Z. schildert diese Strategie bei ihrer Mutter, bei sich selbst (Fragebogenergebnisse) und auch bei den Söhnen (diese ziehen sich in emotional schwierigen Situationen zurück).

Im Jahr des Abiturs von Frau Z. starb ihre Großmutter mütterlicherseits in *. Sie durfte nicht mit zur Beerdigung, lediglich die Mutter flog zur Trauerfeier. Ein gemeinsames Trauern war nicht möglich, da die Mutter sich in ihre eigene Trauer zurückzog. Zu diesem Zeitpunkt entwickelte Frau Z., vormals ein »unordentliches Kind«, erstmalig Ordnungszwänge, um mit dem »Chaos« klarzukommen. Sie begann in ihrem Zimmer und ihren Schuldingen pedantisch Ordnung zu halten. Gemeinsam arbeiteten sie und ihr Mann dann bis zur Geburt des ältesten Sohnes im elterlichen Betrieb des Mannes.

Mit der Heirat und der Geburt der Kinder verstärkten sich die Zwänge (Wäsche und Geschirr wie mit der Schablone geordnet, jedes Kissen an seinem Platz; Zwänge, zu kontrollieren, ob elektrische Geräte ausgeschaltet und Türen abgeschlossen sind). Wenn die Kinder etwas in der Wohnung verrückten, war Frau Z. völlig verzweifelt. Frau Z. kämpfte mit der Scham über ihre unsinnigen Zwänge und mit Schuldgefühlen ihren Kindern gegenüber.

Mit der Geburt des ersten Sohnes kamen zu der Zwangsstörung massive Panikanfälle hinzu. Frau Z. entwickelte Ängste, ob sie alles richtig mache. Der Säugling litt nach der Geburt unter Atemnot, er schlief sehr wenig und schrie viel, obwohl Frau Z. sich die ersten sechs Lebensmonate ganz dem Kind widmete und es voll stillte. Sie erlebte ihren Sohn in der Kleinkindzeit als wenig zugänglich und sehr schüchtern. Auf andere Menschen habe er wenig reagiert. Zu Beginn der Kindergartenzeit entwickelte er Trennungsängstlichkeit. Sein trotziges Temperament führte außerdem zu Problemen mit der Erzieherin.

Auch in der Schule machte diese Mischung von Zurückgezogenheit, Schüchternheit und seine Abwehr, sich nichts sagen zu lassen, soziale Kontakte in der Klasse schwierig. Er ging jedoch sehr gern zur Schule und war dort ein überdurchschnittlich begabter Schüler.

Es verstärkten sich Frau Z.s Ängste nochmals vor dem Hintergrund einer realen wirtschaftlichen Bedrohung im schwiegerelterlichen Betrieb. Gleichzeitig war Frau Z. mit ihrem zweiten Sohn schwanger. Die Geburt und die ersten Monate verliefen beim zweiten Sohn unauffällig. Jedoch zeigte sich zu Beginn des Besuchs des Kindergartens ebenfalls eine Trennungsängstlichkeit. Er lehnte es ab, von der Mutter gestreichelt bzw. gekuschelt zu werden, und hatte ebenso wie sein älterer Bruder Schwierigkeiten, mit anderen Augenkontakt zu halten. Dies erschwerte es ihm anfangs sehr, Freunde im Kindergarten zu finden.

Nach der Regelung aller finanziellen Schwierigkeiten geriet Frau Z. in einen Erschöpfungszustand. Eine Mutter-Kind-Kur brachte vorübergehend Besserung. Ängste und Zwänge blieben jedoch und verstärkten sich nach der Kur wieder. Dann begann Frau Z. wegen depressiver Verstimmung und Suizidgedanken eine tiefenpsychologisch fundierte Therapie, die sie mit dem Ende des Mutterschutzes wegen eines Wechsels der Krankenkasse nach zehn Monaten abbrechen musste. Nachdem es ihr im Rahmen der Therapie zunächst besser ging und sich auch ihr Mann in diesem Rahmen auf die Familie zubewegt hatte, fühlt sich Frau Z. jetzt wieder zunehmend erschöpft und ihren Ängsten ausgeliefert.

### Bindungsdiagnostik

Die Bindungsdiagnostik ergab, dass Frau Z. den Verlust der Großmutter noch nicht verarbeitet hat. Sowohl im Adult Attachment Projective Picture System als auch im Adult Attachment Interview wurde ein »unverarbeitetes Trauma« klassifiziert.

Zu dem Bild »Friedhof« aus dem Adult Attachment Projective (siehe Abbildung 3) erzählte Frau Z. folgende Geschichte:

*»Ja, auf alle Fälle steht der am Grab einer Person, die ihm sehr naheliegt und mit der er ein sehr gutes Verhältnis hatte. Und er trauert. Also*

Abbildung 3: AAP-Bild: Friedhof.
© George et al., 1999. All rights reserved.

*er steht da und trauert. Also das ist eine ganz, ganz enge Beziehung zwischen dem Toten. Da kann ich mir; also meine Großmutter ist verstorben in \* und ich hatte eigentlich jetzt nie die Möglichkeit, runterzugehen und mich also richtig bei ihr zu verabschieden. Ich war bei der Beerdigung nicht mit dabei. Und das ist so, für mich ist es immer noch so ein Verlangen, da hinzugehen. Ich hatte ein sehr, sehr inniges Verhältnis zu ihr. Also das ist immer noch für mich sehr wichtig, dass ich irgendwann mal da runterkomme und einfach auch an ihr Grab, obwohl ich keinen Bezug dazu habe. Aber ich muss unbedingt auch an ihr Grab und muss mich mal richtig verabschieden können von ihr. Ja, das liegt mir also noch ganz am Herzen. Und wenn ich das sehe, dann kommen diese Erinnerungen dann auch hoch. Genau. Und es steigt auch ein kleines bisschen Wut gegenüber den Eltern dabei hoch, weil sie selber; also die Mutter ist runtergegangen, und ja, sie gaben mir nicht die Möglichkeit mitzugehen. Ja, ich glaube, sie hat gar nicht so begriffen, was für ein inniges Verhältnis ich zu meiner Großmutter hatte. Und ich musste sie mit zehn Jahren verlassen, wir sind ja nach Deutschland gezogen, sie hat in \* gelebt. Und sie war also für mich eine ganz wichtige Bezugsperson. Ja, also das ist für mich ganz wichtig, dass ich da noch mal runtergehen kann.«*

Es wird evident, dass in diesem Narrativ bereits nach drei Zeilen (hypothetische Geschichte) die eigenen Erinnerungen durchbrechen und die weitere Geschichte davon ausschließlich bestimmt wird. Es werden intensive persönliche Gefühle sichtbar: ihre nicht abgeschlossene Trauer, sich von der Großmutter nicht am Grab verabschiedet zu haben, sowie ihre Wut auf die Eltern, ihr das als Kind verwehrt zu haben. All diese sprachlichen Merkmale weisen auf eine unverarbeitete Trauer hin (nach dem Manual, George et al., 1999).

Im Adult Attachment Interview, das direkt nach Verlusten in der Biografie fragt, antwortete Frau Z. mit folgender Passage:

*P: »Das war schlimm. Das war ganz schlimm, ja. Da hab ich auch, ich hab sehr viel Briefkontakt gehabt zu meiner Großmutter und hab seit ihrem Tod diese Briefe nie wieder angeschaut. Erst als, ich hab's der Frau \*\* ja schon erzählt gehabt, ich war ja schon mal woanders zu einem Gespräch, und erst als wir da drüber gesprochen haben und es irgendwie so rauskam, da hatte ich dann die Möglichkeit, die Briefe, da bin ich das allererste Mal an die Büchse gegangen. Ich wusste jahrelang, wo die Büchse ist, wo die Briefe drin sind. Aber ich hab zum ersten Mal diese Schachtel aufgemacht. Pause – Ich weiß jetzt auch nicht, was mit mir los ist (weint). Ich verdränge es. Ich glaube, es ist auch nicht das, ihr Tod, ich glaube, bei mir ist es diese Mauer, die ich mir damals aufgebaut hab mit zehn Jahren, die bröckelt langsam. Ich denke, dass ich wissen will, wo meine Wurzeln sind. […] Ja. Also langsam, das war mir lange Zeit nicht bewusst und ich hab mir einfach diese Mauer aufgebaut, aber so mit den Jahren wird es mir langsam bewusst, dass es mir doch wichtig ist, wo ich herkomme. Und dass ich eigentlich nicht eine hundertprozentige Deutsche bin.«*

T: »Welche Auswirkungen hatte der Tod Ihrer Großmutter auf Ihr Leben?«

*P: »Ja. Ich weiß nicht, ob das der Grund war. Ich weiß es nicht. Aber es war eine Phase, wo dann plötzlich diese Hundertprozentigkeit, dieses*

*Aufräumen, bei mir aufkam. Aber das war auch gleichzeitig die Zeit, wo ich sehr, sehr schwer mit meinen Eltern auskam und das Verhältnis nicht sehr gut war mit den Eltern. Wo ich wirklich da Probleme mit ihnen gehabt habe. Wo ich eigentlich froh war, dass ich damals meinen Freund, also meinen jetzigen Mann, dann kennengelernt habe, weil er mich sehr unterstützt hat in der Hinsicht. Bei ihm hab ich dann doch Halt gefunden, was ich daheim dann nicht bekommen habe. Ich weiß nicht, ob das zusammenhängt, das kam aber alles so um den Dreh heraus. Während der Oberstufe kam dann alles zusammen. Das war so ein Zeitpunkt. Ich war früher als Kind recht, ich kann sagen, schlampig. Und irgendwann fing ich damit an, eben meinen ›Kruscht‹ zu sortieren. Habe Angst, wenn ich mich gehen lasse, sammelt sich wieder so viel Unordnung und ›Kruscht‹ an, dass wenn ich wieder so eine Phase bekomme, dass mir das alles zu viel ist, dass ich das alles wieder aufarbeiten muss, bis ich wieder oben auf dem Standard bin. Und deswegen versuche ich das immer zu halten. Manchmal würde es mir viel besser gehen, wenn ich alles liegen lassen würde. Das ist nicht, weil ich's brauche, um mich wohlzufühlen, sondern weil ich Angst habe, wenn ich mich jetzt gehen lasse und ich wieder eine Phase bekomme, wo ich eine Panik hab und ich brauche unbedingt Ordnung, dann muss ich mir das erst wieder aufarbeiten. Es gibt manchmal so Situationen daheim, das sind ganz kurze Augenblicke, da fühle ich mich plötzlich wohl dabei. Und wenn die Vorhänge nicht richtig zugezogen sind, sondern nur halb, so nur die linke Seite, der Wind weht durch und ich sitze einfach da und denke mir: ›Ach, ist das gemütlich.‹ Oder wenn sich jemand aufs Sofa gesetzt hat und die Kissen verknautscht sind, und dann steht er wieder auf und dann denke ich: ›Ach, das ist ja richtig wohnlich hier.‹ Das sind aber nur ganz kleine Momente!«*

Die beiden Passagen machen deutlich, dass Frau Z. seit dem Tod der Großmutter, der sie schwerwiegend emotional mitgenommen hat, zunächst die Gefühle verdrängte und eine »Mauer« um sich aufbaute und auf der Verhaltensebene mit zwanghaftem Verhalten reagierte, das Krankheitswert erlangte. Sie traut sich nicht, das zwanghafte Verhalten aufzugeben, da sie sonst in Panik ausbricht. Ihre sprachliche Darstellung des zeitlichen Zusammenfallens des Verlustes der Großmutter und der pathologischen Verhaltensänderung führt zur Klassifikation einer »unverarbeiteten Trauer.«

Bereits im Elternhaus spürte Frau Z. eine Angst vor Trennung und Verlust. Die Ehe der Eltern erlebte sie als ständig bedroht; wie sie später erfuhr, hatte der Vater über lange Jahre eine außereheliche Beziehung. Ihre Eltern boten ihr als Modelle einen überkontrollierenden Modus (Vater) und einen emotional labilen Modus (Mutter). Sie selbst entwickelte sich einerseits in die Richtung des Vaters, als sie von Kleinkind auf selbstständig sein musste (Kinderhort). Ein Symptom (Ordnungszwang) entwickelte sie im Zusammenhang mit traumatischen Trennungen (Tod der Großmutter mütterlicherseits, Aufgabe des Elternhauses durch Heirat). Die Zwänge halfen ihr, die Kontrolle zu behalten und die Prüfung des Abiturs zu bestehen. Ferner fand sie Halt bei ihrem späteren Ehemann, der bis heute trotz seiner häufigen Abwesenheit für sie Sicherheit bedeutet. Aus diesem Grund scheute sie vermutlich auch den offenen Konflikt und durfte ihrer großen Enttäuschung und ihrem Ärger sowohl über dessen berufliches Versagen und die finanziellen Schwierigkeiten als auch über seine häufige Abwesenheit keinen Ausdruck geben. Andererseits zog sich Frau Z. genau wie ihre Mutter damals ins »Schneckenhaus« zurück. Ihre aggressiven Impulse machten ihr wiederum Schuldgefühle und verstärkten die Kontrolle. Im Verhalten ihrer Söhne spiegelte sich der Konflikt von Kontrolle und Unterwerfung wider: Diese konnten sich einerseits nicht von der Mutter trennen, andererseits lehnten sie körperliche Zuwendung oder Blickkontakt eher ab. Negative Gefühle von Traurigkeit oder Angst konnten nicht altersadäquat gelebt werden, sondern wurden abgewehrt. Aggressivität oder auch stark regressives Babyverhalten waren die Folge und erschwerten beiden Jungen zunächst die sozialen Kontakte. Kompensiert wurden diese Einschränkungen im emotionalen Bereich durch Stärken im Leistungsbereich mit überdurchschnittlichen Ergebnissen.

Wie Frau Z. im Abschlussgespräch berichtete, habe ihr allein die Durchführung der Bindungsdiagnostik im Rahmen des Forschungsprojekts geholfen, die Ängste in Bezug auf die Kinder mehr und mehr aufzugeben. Ihr sei klar geworden, dass der Umgang mit ihren eigenen Ängsten und Zwängen zentraler Fokus von Veränderung sein müsse, um gelassener mit den Kindern und der Familiensituation umgehen zu können und eigene Bedürfnisse im Familiensystem klar einzufordern.

# 3 Veränderung von Bindungsrepräsentationen durch psychodynamische Therapien

Im Kontext der bindungsorientierten Psychotherapieforschung gibt es inzwischen einige Untersuchungen, die nachweisen, dass unsichere und desorganisierte Bindungsrepräsentationen durch Psychotherapie signifikant verbessert werden können (z. B. Fonagy et al., 1996; Levy et al., 2006; Steele et al., 2009; Buchheim et al., 2012a; Taylor, Rietzschel, Danquah u. Berry, 2015; Buchheim et al., 2017). Sie weisen darauf hin, dass durch Psychotherapie die mentale Verarbeitungsstruktur von unsicheren und traumatischen Bindungserfahrungen veränderbar ist. Im Folgenden werden ausgewählte Beispiele von durchgeführten und laufenden Studien im Bereich der psychodynamischen Therapie zusammengefasst.

## 3.1 Psychodynamische Therapie der Borderline-Persönlichkeitsstörung

Die Behandlungsmethode der »Transference-Focused Psychotherapy« (TFP) entwickelten Otto F. Kernberg, John F. Clarkin und Frank E. Yeomans in den letzten zwanzig Jahren auf der Grundlage der Konzeption der Borderline-Persönlichkeitsorganisation. Bei dieser evidenzbasierten manualisierten psychodynamischen Psychotherapie der Borderline-Persönlichkeitsstörung handelt es sich um eine modifizierte, störungsorientierte Form der analytischen Psychotherapie, die zweistündig im Sitzen stattfindet, von einem Therapievertrag gestützt wird und zentral an der Übertragungsbeziehung im Hier und Jetzt arbeitet (Clarkin, Yeomans u. Kernberg, 2006; Clarkin, Levy, Lenzenweger u.

Kernberg, 2007; Yeomans, Clarkin u. Kernberg, 2015). Primäre Therapieziele sind die Reduzierung der borderlinespezifischen Symptome wie Depression, Angst und Suizidalität, selbstschädigendes Verhalten, unzureichende Kontrolle über Affekte, impulsives Verhalten und Agieren sowie eine Verminderung der Gefahr von Therapieabbrüchen. Strukturelles Ziel der Behandlung ist es, fragmentierte innere Bilder vom Selbst und von den Anderen zu integrieren, die Reflexionsfähigkeit und die interpersonellen Beziehungen zu verbessern (Doering u. Buchheim, 2005). Das übergeordnete Ziel einer psychodynamischen Behandlung von Patienten mit schwerer Persönlichkeitsstörung im Sinne einer Borderline-Persönlichkeitsorganisation ist es, diejenigen zentralen Bereiche der internalisierten Objektbeziehung des Patienten zu verändern, die zu den für die Persönlichkeitsstörung charakteristischen sich ständig wiederholenden maladaptiven Verhaltensauffälligkeiten und chronischen affektiven und kognitiven Störungen führen (Dammann, Buchheim, Clarkin u. Kernberg., 2000; Clarkin et al., 2007).

In der New Yorker Psychotherapiestudie mit Borderline-Patienten wurde das Adult Attachment Interview (AAI) eingesetzt, um strukturelle Veränderungen der Patienten nach einem Jahr abzubilden (Levy et al., 2006; Clarkin et al., 2007). Zu Beginn einer ambulanten Behandlung wurden nur 5 Prozent der gesamten Stichprobe als sicher-autonom eingestuft. Nach einem Jahr ambulanter Psychotherapie konnte ein signifikanter Zuwachs an Bindungssicherheit (15 Prozent) nachgewiesen werden. Beim Vergleich von drei Therapieverfahren in dieser Stichprobe (Übertragungsfokussierte Psychotherapie – TFP, Dialektisch Behaviorale Therapie – DBT, Supportive Therapie – SPT) zeigte sich diese Verbesserung in einer erhöhten Kohärenz beim Erzählen über die Bindungserfahrungen und einer erhöhten reflexiven Kompetenz (Mentalisierungsfähigkeit), allerdings nur in der Gruppe der mit TFP behandelten Patientinnen und Patienten (N = 22).

In einer deutsch-österreichischen Multicenter-Studie (Doering et al., 2010) wurden in einem randomisiert-kontrollierten Design insgesamt 104 Patientinnen mit einer Borderline-Persönlichkeitsstörung mit TFP bzw. Therapie von erfahrenen Psychotherapeutinnen und Psychotherapeuten, sogenannten Experienced Community Psychotherapists (ECP), behandelt. Bei diesen Patientinnen wurde die Veränderung der Bindungsrepräsentationen ebenfalls mittels des Adult Attachment Interview (AAI) nach einem Jahr Behandlung untersucht (Buchheim et al., 2017). In Anlehnung an die Befunde der Metaanalyse von Bakermans-Kranenburg und van IJzendoorn (2009) erwarteten wir zu Beginn der Behandlung in beiden Therapiearmen einen hohen Prozentsatz an unsicheren, insbesondere desorganisierten Bindungsrepräsentationen (unverarbeitetes Trauma). Weiterhin erwarteten wir in Anlehnung an Levy et al. (2006) eine signifikante Veränderung von Bindungsunsicherheit zu Bindungssicherheit und darüber hinaus eine Veränderung von desorganisierter Bindung zu organisierter Bindung in der TFP-Gruppe im Vergleich zu ECP. Diese Hypothesen konnten signifikant bestätigt werden. Zu Beginn der Behandlungen erhielten über 50 Prozent der Patientinnen die Klassifikation »unverarbeitetes Trauma«, und auch in dieser Studie konnte dargelegt werden, dass Personen, die mit TFP behandelt wurden, eine signifikante Veränderung von Bindungsrepräsentationen in der oben genannten Richtung zeigten im Vergleich zu denjenigen, die mit ECP behandelt wurden (Buchheim et al., 2017). Weiterhin erfolgte ein signifikanter Zuwachs an Mentalisierungsfähigkeit bei den Patientinnen, die mit TFP behandelt wurden (Fischer-Kern et al., 2015).

Folgender Ausschnitt aus dem AAI zu Beginn der Behandlung einer Patientin aus der TFP-Gruppe soll verdeutlichen, wie irrationale Schuld und Verleugnungsprozesse in Bezug auf die traumatische Erfahrung abgespalten nebeneinanderstehen und demnach als »unverarbeitetes Trauma« klassifiziert wurden:

*»Ich wurde missbraucht zwischen sechs und zehn Jahren, ich denke, ich war zehn Jahre alt. Ich habe es meiner Mutter erzählt, aber sie hat mich total zurückgewiesen und alles mir in die Schuhe geschoben.*

*Ich denke, es war gar nicht so schlimm, vielleicht habe ich es selbst verschuldet, ja wahrscheinlich war es so, also nicht zu dramatisch.«*

Später erzählte die Patientin im Interview wiederum, wie beschädigt sie sei und dass sie sich ihren Gefühlen vollkommen ausgeliefert fühle. Nach einem Jahr TFP-Therapie zeigte die Patientin eine zunehmende Integrationsfähigkeit, sich und andere realistischer wahrzunehmen und Gefühle offener zulassen zu können:

*»Ich wurde missbraucht zwischen sechs und zehn Jahren. Jetzt wird mir langsam klar, wie viel es mir ausgemacht hat, dass ich mit meiner Mutter nicht darüber sprechen konnte. Sie verleugnete es und ich eben auch. Das war sehr schlimm, im Nachhinein betrachtet. Es ist immer noch sehr schwer für mich, darüber zu sprechen, und ich ertappe mich immer noch dabei, zu glauben, dass ich alles initiiert haben soll, aber ich weiß gleichzeitig, dass ich nicht schuld bin, und kann mit diesen Gefühlen jetzt besser umgehen. Ich bin mir selbst nicht mehr so ausgeliefert.«*

Die Integration der dissoziierten positiven und negativen Sichtweisen von sich und bedeutungsvollen Anderen erfolgt während der TFP-Therapie durch die ständige Identifizierung von gegensätzlichen Aspekten im Hier und Jetzt. Der Therapeut, die Therapeutin soll diese gegensätzlichen Paare der Selbst- und Objektrepräsentanzen – meist eine verfolgende »nur böse« und eine idealisierte »nur gute« Seite – deutend in der Übertragungsbeziehung zusammenbringen. Der Patient erkennt schließlich die disparaten Aspekte des Selbst an und versteht die Ursachen für diese Spaltungsprozesse. Dabei bildet sich ein integriertes Konzept von sich selbst und anderen heraus (Dammann et al., 2000). Das Adult Attachment Interview erfasste die strukturelle Veränderung in Bezug auf die inneren Arbeitsmodelle von Bindung (flexible Integrationsfähigkeit, Kohärenz) und dabei integrierte Selbst- und Objektwahrnehmung.

## 3.2 Langzeitpsychoanalysen und Veränderung von Bindungsrepräsentationen im Münchner Bindungs- und Wirkungsforschungsprojekt

Das sogenannte Münchner Bindungs- und Wirkungsforschungsprojekt (MBWP) (Hörz-Sagstetter et al., 2016) beforscht in einem prospektiven Design die Prozesse und Ergebnisse zwanzig ambulanter Langzeitpsychoanalysen. Zu sechs Messzeitpunkten werden alle Patienten gemäß dem System der Operationalisierten Psychodynamischen Diagnostik (OPD) interviewt und Merkmale wie Beziehung, Konflikt und psychische Struktur erfasst. Weiterhin werden zur Bindungsdiagnostik das Adult Attachment Interview und Adult Attachment Projective Picture System eingesetzt, zur Untersuchung der Mentalisierungsfähigkeit die Reflective Functioning Scale von Fonagy und Kollegen (Fonagy, Target, Steele u. Steele, 1998). Zusätzlich werden die Einschätzungen der Therapeuten in Form von Therapieverlaufsberichten, Interviews und Erst- und Verlängerungsanträgen eingeholt.

Was die Veränderungen von Bindungsrepräsentationen anbelangt, konnten vorläufige Auswertungen von 17 langen Verläufen (mindestens 240 Stunden analytische Psychotherapie) eine klinisch und statistisch signifikante Reduktion der Klassifikation »unverarbeitetes Trauma« sowie eine klinisch signifikante Zunahme an Bindungssicherheit zeigen (Hörz-Sagstetter et al., 2016). Bei der qualitativen Auswertung eines Einzelfalls wurde deutlich, dass für die Verarbeitung von unverarbeiteten Traumata und Verlusten ein langer Zeitraum einer intensiven, langen analytischen Therapie nötig war und die Veränderung von einer U-Klassifikation zu einer sicheren Bindung erst zwischen Therapieende und Katamnese erfolgte (Hörz-Sagstetter et al., 2016).

Frau A. war zu Therapiebeginn Ende vierzig, hatte die mittlere Reife und war arbeitslos. Sie begann die Therapie nach einem Suizidversuch mit stationärer Behandlung und äußerte den Wunsch, mehr Impulskontrolle und vorausschauendes Denken zu entwickeln, um realitätsangemessener zu reagieren. Es bestanden fünf Hauptdiagnosen:

Alkoholmissbrauch (F10.1), MDE rezidivierend (F33.21), Dysthymie (F34.1), Somatisierungsstörung (F45.0), PTBS lifetime (F43.1). Die analytische Psychotherapie der Patientin umfasste mit einer wöchentlich dreistündigen Frequenz im Liegen insgesamt 360 Stunden, der Zeitraum von Therapieende bis zur Katamnese betrug 14 Monate.

Zu Therapiebeginn erhielt Frau A. im AAI die Klassifikation »unverarbeitetes Trauma« (U) und die Klassifikation »unsicher-verstrickt« (E). Im AAP wurde ebenso ein »unverarbeitetes Trauma« (U) klassifiziert. Die Mentalisierungsfähigkeit (RF) wurde als leicht unterdurchschnittlich eingestuft.

Die inkohärente Schilderung der Patientin von sexuellen Übergriffen durch eine nahe Bezugsperson, massiven Gewalterfahrungen durch ihre Mutter mit starken Auswirkungen auf der Verhaltensebene in ihrer Entwicklung *(»Ja, ich hab Albträume ... bin schweißnass gebadet, ähm, und muss mich nachts umziehen ... kann nachts nicht schlafen ...«)* sowie massiven Problemen in aktuellen Beziehungen führten im AAI zur U-Klassifikation. Der mehrmals benannte Ärger in der Gegenwart auf die Mutter führte zur Einschätzung einer unsicherverstrickten Bindungsrepräsentation.

Beim AAP wurde im Narrativ zum AAP-Bild »Friedhof« ein »unverarbeitetes Trauma« klassifiziert. In dieser Geschichte erzählt Frau A. von einer hilflosen Situation, die aus bindungstheoretischer Sicht nicht integriert werden konnte. Sie schildert zunächst einen Mann, der mit Toten spricht oder nicht, und die Grenzen zwischen den Lebenden und Toten verschwimmen: *»Es gibt ein sehr beklemmendes Gefühl und dem Mann auf dem Bild geht es ähnlich. Dass man da nicht weiß, was man sagen soll, wenn man vor seinem Grab steht, und ob man da was sprechen soll oder ob derjenige lebt, zwar vielleicht seine Knochen drin, aber manche Leute können es, reden mit den Toten.«*

Zum Bild des Interviews »Ecke« schildert Frau A. gewalttätige Szenen, die ebenso im AAI zu Fragen nach Bedrohung bei der Patientin aufgetaucht waren: *»Abwehr, so ein an die Wand gedrückt ... Ärger, Wut von der Mutter oder vom Vater ... das ist keine Strafe, das ist eine Quälerei ... da kann man nicht zurückschlagen.«*

Nach 240 Stunden Behandlung veränderte sich Frau A. hin zu einer sicheren Bindungsrepräsentation mit noch teils verstrickten Anteilen. Es bestanden eine höhere Kohärenz der sprachlichen Schilderung, weniger Ärger und eine zumindest mittelmäßig integrierte Schilderung der traumatischen Erfahrungen (z. B. »*Ich bin mit Sicherheit lange beziehungsunfähig gewesen. [...] Also ich würde [meinem Kind] wahrscheinlich nichts von meiner Vergangenheit erzählen, das würde ich immer versuchen zu vermitteln, dass egal was ist, es keine Angst haben braucht, zu mir kommen kann und alles sagen kann, was ihm auf dem Herzen liegt*«).

Nach 240 Stunden analytischer Psychotherapie zeigte Frau A. darüber hinaus eine durchschnittliche Reflexionsfähigkeit. Im AAP-Bild »Friedhof« waren keine Hinweise auf eine unverarbeitete Trauer mehr vorhanden, die Narrative wiesen mentale Denkprozesse und Handlungsfähigkeit in bindungsrelevanten Situationen auf *(»er [der Mann] denkt über die Zeit noch nach, die sie miteinander hatten, man geht etwas in sich ... denkt darüber nach, was er für Eltern gehabt hat. Und dann geht er wieder in sein neues Leben«)*.

Im Follow-up, 14 Monate nach Therapieende, blieb die Klassifikation einer sicheren Bindungsrepräsentation sowohl im AAI als auch im AAP stabil.

## 3.3 Veränderung von Bindungsrepräsentation während einer Katathym Imaginativen Psychotherapie (KIP)

Leuner (1980) erkannte, dass neurotische Patientinnen und Patienten zu »fixierten Bildern« mit Symbolgehalt neigen, die Aufschluss über ihre Konfliktsituation und ihr Abwehrverhalten geben. Erst durch das therapeutische Gespräch über den Symbolgehalt der Bilder könne eine für den Patienten sinnhafte Deutung und Veränderung erreicht werden. Aus Sicht der Bindungstheorie mit dem Konzept der »internalen Arbeitsmodelle von Bindung« sind durch das Katathyme Bilderleben reale Beziehungskonstellationen oder Anteile der Selbst- und Objektrepräsentanzen auf der inneren Bühne abbildbar und können therapeutisch bearbeitbar werden.

Das Behandlungssetting der KIP sieht zwei voneinander abgegrenzte Phasen, sogenannte inhaltliche Ebenen, vor:

1. *Ebene der Imagination:* Hier liegt der Patient auf der Couch oder sitzt in einem bequemen Sessel, um nach einer kurzen Entspannungssuggestion in die Bildentwicklung zu einem vorgegebenen Motiv einzusteigen. Es entsteht ein Zustand der vertieften psychophysischen Entspannung, ähnlich dem Zeitpunkt des Einschlafens oder Aufwachens, der ein regressives Erlebnisniveau ermöglicht. Der Patient beschreibt das vor seinem inneren Auge sich entwickelnde Bild und bleibt dabei im Dialog mit dem begleitenden Therapeuten. Dieser bringt sich dazu entweder aktiv ein oder hält sich zuhörend zurück, je nach Anforderung der Situation. Die Imagination verschafft dem Patienten ein direktes Erleben einer Szene mit starker Gefühlsbeteiligung. In dem abklingenden Erleben nach dieser Episode sprechen Therapeut und Patient allenfalls noch kurz über das Gefühlserlebnis und das Befinden des Patienten.

2. *Ebene des Nachgesprächs:* Dieses findet im Sitzen statt. Im Klinikalltag hat es sich bewährt, dass der Patient zu diesem Termin ein Bild zu der erlebten Imagination malt und mitbringt. Der Patient »protokolliert« damit auf aktive und zugleich subjektive Art und Weise sein Erleben der Imagination. Nun kann gemeinsam über das quasi nach außen verlagerte Bild gesprochen werden und eine kognitive Verarbeitung stattfinden. Anhaltspunkte für das Gespräch mit dem Patienten bietet bei Betrachtung des Bildes die Unterscheidung zwischen der Objekt- und der Subjektebene. Das Bild ist einmal auf der Objektebene zu verstehen, dabei hat jedes vorkommende Objekt seine eigene Bedeutung; auf der Subjektebene betrachtet stellen alle vorkommenden Objekte verschiedene Anteile des Patienten dar. Hier kann recht eindrucksvoll die Wechselwirkung von interpersonellem und intrapsychischem Geschehen exploriert und verstanden werden.

Die Rolle des Therapeuten liegt vor allem darin, durch seine Anwesenheit einen »angstfreien Schutzraum« zur Verfügung zu stellen und den Patienten beim Finden von eigenen Lösungen und zum Probehandeln innerhalb der Szenarien zu ermutigen und ihm diese auch zuzutrauen. Im Schutz des Therapeuten kann der Patient es wagen, Ängstigendes anzuschauen oder etwas Neues auszuprobieren (Stigler u. Pokorny, 2008).

Ausgehend von der Bindungstheorie und dem Konzept der »internalen Arbeitsmodelle von Bindung« bestand in unserer Studie die Annahme, dass durch das Katathyme Bilderleben reale Beziehungskonstellationen oder Anteile der Selbst- und Objektrepräsentanzen auf der inneren Bühne abbildbar und therapeutisch bearbeitbar werden könnten, insbesondere wenn das AAP als Bindungsdiagnostik eingesetzt wurde und dessen Bilder zur Verfügung standen.

In einem randomisierten kontrollierten Studiendesign (RCT) mit einer Prä-post-Messung erhielten 24 überwiegend depressive Patienten während ihres stationären Aufenthalts in einem psychosomatischen Fachkrankenhaus über fünf Wochen eine Katathym Imaginative Psychotherapie zu ausgewählten Bindungsthemen (z. B. verlorenes Kind, sicherer, geborgener Ort, Begegnung mit einer Bezugsperson). Sie absolvierten, ebenso wie die Kontrollgruppe mit 24 Patienten (therapy as usual, TAU) in der stationären psychotherapeutischen Behandlung zweimal das AAP in einem Abstand von fünf bis sechs Wochen. Ansonsten war das therapeutische Setting in der Klinik für beide Patientengruppen gleich. Unsere Hypothese in der Studie war, dass Patienten, die diese Form der psychodynamischen Psychotherapie (KIP) erhielten, eine signifikante Veränderung ihrer Bindungsrepräsentationen entwickeln im Vergleich zu Patienten ohne diese Therapieeinheit.

Zu Beginn der Behandlung unterschieden sich die Patienten in beiden Gruppen nicht signifikant voneinander bezüglich ihrer Bindungskategorie. Die überwiegende Anzahl aller Patienten erhielt eine unsichere Klassifikation. Die Teilnehmenden in der KIP-Gruppe wiesen am Ende der Behandlung eine statistisch signifikante Zunahme der Bindungsklassifizierung »sicher« auf und eine statistisch signifikante Abnahme der Klassifizierung »unverarbeitetes Trauma«. Diese Veränderung ergab sich in der allgemeinen Psychotherapiegruppe ohne KIP (TAU) nicht. Der allgemeine Beschwerdezustand, gemessen mit dem SCL-90 (Symptom-Checklist), verbesserte sich in beiden Therapiegruppen (Masla, 2014; Pokorny, Masla, Janta u. Buchheim, in Vorbereitung).

Dieser überraschende Befund zur Veränderung der Bindungsklassifikationen in der KIP-Gruppe könnte so interpretiert werden, dass durch die Behandlung mit intensiven individualisierten Imaginationen ein hoher Zugewinn an persönlicher Selbstwirksamkeit angestoßen wird, was sich im AAP als Zuwachs an sicheren bzw. organisierten Bindungsklassifikationen zeigt. Durch die KIP werden die Patientinnen und Patienten in den Imaginationen explorierend angeleitet, sich und ihre Situationen besser zu verstehen, und sie werden fähig, sich auf innere Dialoge, das heißt verändernde Prozesse, einzulassen.

Folgendes Beispiel soll exemplarisch darstellen, wie sich die mentale Exploration einer Patientin im Narrativ zu dem AAP-Bild »Friedhof« durch die stationäre KIP-Therapie verbessert hatte (siehe Abbildung 4).

Abbildung 4: AAP-Bild: Friedhof.
© George et al., 1999. All rights reserved.

*»Da steht jemand allein vor dem Grab. Ja, was könnte derjenige denken? Du hast mich allein gelassen, warum bist du schon gegangen, du hast es schon hinter dir. Und ich stehe jetzt hier allein und muss weitermachen. Also, er kommt mir rüber wie gelähmt, er weiß nicht weiter, betäubt vor Angst, Unsicherheit, wie geht es weiter, kann ich wieder vorangucken, kann ich weiter leben? Wie wird es werden? Angst vor Einsamkeit.«*

In diesem Narrativ wird die Angst vor der Einsamkeit des Zurückgebliebenen nicht konstruktiv aufgelöst. Es werden keine Hinweise für eine konkrete Handlungsfähigkeit oder Mentalisierungsprozesse in der Geschichte erkennbar.

Im zweiten AAP nach der Behandlung werden Denkprozesse erkennbar (Gedanken an die Vergangenheit und Zukunft) sowie eine konstruktive Handlungsfähigkeit (Grabpflege):

*»Ja, da besucht jemand das Grab von einem Freund, von einem Angehörigen, hält vielleicht Zwiesprache. Lässt so die Gedanken in die Vergangenheit schweifen, aber auch den Blick in die Zukunft nicht verhindern, weil das Leben geht ja weiter. Das könnte an für sich eine ganz alltägliche Szene sein, dass sich das wiederholt, dass dies so ein Ritual ist, er regelmäßig dann halt zum Grab geht, guckt, ist alles in Ordnung, ein bisschen das Grab pflegt.«*

Die bindungsrelevanten Imaginationen der KIP könnten ein Potenzial liefern, Verlusterfahrungen oder andere bindungsrelevante Situationen aufzuspüren und anhand des AAP sichtbar zu machen. Lebensereignisse wie beispielsweise Verluste traten durch die Diagnostik mit dem AAP und die anschließende Imaginationstherapie zutage, obwohl sie in der Regel zuvor in den allgemeinen Anamnesen nicht erwähnt wurden. KIP hat wohl die Möglichkeit, durch Mechanismen wie Verschiebung und durch das Anwenden von bestimmten Techniken im Umgang mit dem Traumbild die schmerzlichen Inhalte zu »containen«. Dieses technische Vorgehen war in dieser Behandlungsgruppe auf positive Weise gelungen: Nur eine Person erhielt im zweiten AAP in der KIP-Gruppe nach der Behandlung die Klassifizierung »unverarbeitetes Trauma«.

Das hohe Ausmaß der Verbesserungen bezüglich der Bindungsrepräsentation hing vermutlich auch mit den Patientinnen und Patienten zusammen, die keine gravierenden strukturellen Störungen aufwiesen und somit von einer kurzen Behandlungsdauer profitieren konnten. Sie verfügten wohl bereits über gute Ressourcen, sich den bindungsrelevanten Episoden ihrer Biografie zu stellen und sie während der KIP-Therapieeinheit zu bearbeiten. Die Nachhaltigkeit dieser Befunde muss in weiteren Studien überprüft werden. Diese und andere Ergebnisse bestärken die Anwendung der Bindungsdiagnostik im klinischen Bereich, um für Therapie und Therapieplanung einen individualisierten Zugang zu unverarbeiteten Bindungsthemen zu gewinnen.

# 4 Zusammenfassung und Ausblick

Schon Bowlby schlug vor, dass der Therapeut seine Patienten bei ihrer Exploration begleiten und dabei eine vertrauenswürdige und zuverlässige Figur sein solle, um eine sichere Basis anzubieten. In einer Sicherheit gebenden therapeutischen Beziehung können Patientinnen und Patienten sich emotional so versichern, dass ihnen eine Erkundung ihrer inneren Phantasien oder ihrer äußeren Realitäten möglich wird. Das Ziel in einer bindungsorientierten Therapie ist die Modulation oder Verbesserung von dysfunktionalen inneren Arbeitsmodellen in Richtung eines sicheren inneren Arbeitsmodells von Bindung (Buchheim, 2016).

Ähnlich dem strukturellen Interview von Kernberg (1981), das mit Klärung, Konfrontation und Interpretation auf den Patienten einwirkt, ist im AAI die Spezifizierung bzw. Konkretisierung der Fragetechnik dazu geeignet, Stress zu induzieren, um sowohl die Kooperationsbereitschaft als auch den Grad an Integrationsfähigkeit bezüglich der Bindungsthematik zu erfassen. Die neutrale Einstellung des Interviewers in der Bindungsdiagnostik dient dazu, Abwehrprozesse und Ressourcen sichtbar zu machen. Anhand der beschriebenen Einzelfälle aus der eigenen Werkstatt (siehe Kapitel 2) sollte deutlich gemacht werden, dass der Einsatz der Bindungsdiagnostik sowohl im psychodynamischen Erstinterviewverfahren als auch zur Evaluation von strukturellen Veränderungen während Psychotherapien sehr fruchtbar ist. Insbesondere das AAP eignet sich klinisch dazu, die Repräsentanz von Selbstwirksamkeit, Handlungsfähigkeit und Synchronizität in bindungsrelevanten Situationen zu evaluieren und für störungsspezifische Diagnostik und Therapieplanung neben anderen strukturellen Instrumenten ökonomisch und valide einzusetzen (Übersicht bei Buchheim, 2016). In Anlehnung an Buchheim et al. (2008) befassen sich neuere diagnostische Ansätze mit der Identifizierung bindungsrelevanter Marker im AAP, um klinisch relevante Spezifika von Störungsbildern herauszuarbeiten (z. B. Gander et al., 2015), insbesondere im Hinblick auf den Verarbeitungsstatus von Bindungstraumata.

Unsichere Bindung wird häufig auch auch als Zielvariable von Psychotherapie betrachtet (siehe Kapitel 3). Dazu veröffentlichten Taylor et al. (2015) ein Review und weitere Autoren wiesen die Veränderbarkeit von Bindungsrepräsentationen durch Psychotherapie nach (z. B. Kirchmann et al., 2012; Reiner, Bakermans-Kranenburg, van IJzendoorn, Fremmer-Bombik u. Beutel, 2016; Daniel, Poulsen u. Lunn, 2016; Buchheim et al., 2012b, 2017). Eine Mehrzahl von Studien berichtet von einer Zunahme an Bindungssicherheit, insbesondere unter der Behandlung mit psychodynamischen Verfahren.

Aktuelle Psychotherapiestudien belegen die Wirkung von psychodynamischen Therapien in Bezug auf die Veränderbarkeit von unsicheren und desorganisierten zu sicheren bzw. organisierten Bindungsrepräsentationen (siehe Kapitel 3). Die Verbesserung von Selbst- und Beziehungsregulation und der Fähigkeit, eigene innere Prozesse und die anderer Menschen zu erkennen, zu verstehen sowie darüber zu reflektieren, steht im Fokus psychodynamischer Verfahren, die insbesondere durch Verbindung mit etablierten Interviewmethoden zur Erfassung von inneren Arbeitsmodellen von Bindung wirksam werden können.

Sichere Bindungsbeziehungen bieten ideale Bedingungen zur Förderung des *Mentalisierens,* das auf der Bindungstheorie basiert (Fonagy u. Campbell, 2017). Mentalisieren ist die Fähigkeit, uns selbst und andere zu verstehen, indem wir uns über intentionale mentale Zustände klarwerden. Neue theoretische Überlegungen zum Mentalisieren verweisen auf eine wichtige Funktion der Bindungsbeziehungen, nämlich die Entwicklung eines sogenannten epistemischen Vertrauens und sozialen Lernens in einem sich fortlaufend verändernden Umweltkontext (Fonagy u. Campbell, 2017), was auch für die Verbesserung der Fähigkeit zur Reflexion (Mentalisierung) im Kontext von frühen Störungen (Köhler, 2004) und in einer Psychotherapie von erheblicher Bedeutung ist und mehrmals belegt werden konnte (z. B. Fonagy et al., 1996; Taubner et al., 2015; Fischer-Kern et al., 2015, siehe auch Kapitel 3.1).

In der klinischen Bindungsforschung wurde darüber hinaus untersucht, inwiefern Bindungsmerkmale von *prädiktiver Bedeutung* für das Ergebnis von Psychotherapien valide sind (siehe auch Ehrenthal, 2017). Levy et al. (2011) führten eine Metaanalyse von 14 unabhängigen Studien mit einer Gesamtstichprobe von n = 1.467 Patienten durch und zeigten, dass es einen positiven Zusammenhang zwischen Bindungssicherheit und dem Behandlungsergebnis gab (d = 0,37) (siehe auch Lilliengren, Falkenström, Sandell, Mothander u. Werbart, 2015) und einen negativen Zusammenhang zwischen Therapieerfolg und ängstlicher (verstrickter) Bindung (d = 0,46). Ehrenthal (2017) betont, dass einerseits Bindungsangst (gemessen mit Fragebögen) eher mir einem schlechteren Therapieergebnis einhergeht und andererseits die bisherige Studienlage es noch nicht erlaubt, zu behaupten, dass bindungsunsichere Patienten eher von einer verhaltenstherapeutischen oder psychodynamischen Behandlung profitieren.

Im Hinblick auf die *Bereitschaft, therapeutische Hilfe in Anspruch zu nehmen,* wurden in Abhängigkeit vom Bindungsstil Unterschiede zwischen Patienten berichtet, bei denen *distanziert gebundene* Personen seltener Hilfe suchten und dazu neigten, ihre Probleme zu bagatellisieren (vgl. Strauß, 2011). Muller (2013) widmete sich dem therapeutischen Umgang mit bindungsdistanzierten Patienten. Im Fokus seiner klinischen Beobachtungen standen insbesondere Patienten und Patientinnen, die die Nähe zu wichtigen Personen und dem Therapeuten vermeiden und damit keine Nähe zulassen können. Charakteristisch für die vermeidende Bindung ist das Deaktivieren sowie Bagatellisieren schmerzvoller Bindungserfahrungen. Vermeidende Patienten werden einerseits als vulnerable Patienten beschrieben, die dementsprechend mannigfaltige Symptome aufweisen; andererseits neigen sie dazu, Hilfsangebote defensiv abzulehnen. Der Therapeut stehe einerseits unter dem Druck, den traumatischen Disstress des

Patienten anzuerkennen und ins Zentrum seiner Arbeit zu rücken; andererseits fühle er sich paradoxerweise aber auch gedrängt, das Trauma zu bagatellisieren und das Gespräch darüber zu vermeiden, um den Erwartungen des vermeidenden Patienten zu entsprechen.

Auch die Konzepte der *Übertragung* und *Gegenübertragung* wurden im bindungstheoretischen Kontext neu beleuchtet. Dozier und Bates (2004) wiesen zum Beispiel darauf hin, dass sich Interviewer bei der Durchführung von Bindungsinterviews mit unsicher-distanzierten Personen in der Gegenübertragung eher abgelehnt fühlen, da diese besonders bei potenziell emotionalen Themen ihr Bedürfnis nach Distanz vermehrt zum Ausdruck bringen. Im Gegensatz dazu werden verstrickte Personen eher als emotional beanspruchend erlebt, da diese eine oft endlose Diskussion über ihre Konflikte auslösen und die Interviewer in der Gesprächssituation mit verwickeln. Die Interviews mit sicher Gebundenen werden hingegen »oftmals als Vergnügen« erlebt (Dozier u. Bates, 2004).

In einer experimentellen Untersuchung (Martin, Buchheim, Berger u. Strauß, 2007) wurden Studenten und angehenden Psychotherapeuten prototypische Sequenzen aus dem Adult Attachment Interview per Tonband vorgespielt. Die Probanden sollten nach jedem Interview ihre eigenen interpersonalen Impulse, ihre Befindlichkeit und Gegenübertragungsgefühle standardisiert beurteilen. Die beiden Gruppen unterschieden sich hinsichtlich ihrer Reaktionen nicht voneinander. In beiden Gruppen riefen bindungsdistanzierte Narrativausschnitte feindseligere Reaktionen, eher schlechte Befindlichkeit und negative Gegenübertragungsimpulse hervor. Die sicher Gebundenen wurden mit Abstand am positivsten bewertet. Den angehenden Therapeutinnen und Therapeuten wurden zusätzlich Fragen über hypothetische Behandlungsentscheidungen bzw. -indikationen gestellt. Dabei wurden die Narrativausschnitte von unsicher-verstrickten Probanden am ehesten für eine Therapie indiziert und bevorzugt, während hingegen die von unsicher-distanzierten Personen am häufigsten abgelehnt wurden. Dieses Paradigma wurde auch aktuell im neurowissenschaftlichen Kontext validiert. Die Befunde der Untersuchung zeigten, dass die gesunden Probanden beim Hören eines prototypisch bindungsdistanzierten Transkriptausschnitts im fMRT-Scanner (funktionelle Magnetresonanztomografie) eine verzögerte neuronale Aktivität und verminderte Konnektivität aufwiesen (Borchardt et al., 2015).

Auch die *Bindung des Therapeuten* scheint einen wesentlichen Einfluss auf den Therapieerfolg zu haben. So wird davon ausgegangen, dass es in der Therapeut-Patienten-Dyade hilfreich ist, wenn beide über gegensätzliche Bindungsstile verfügen (Bowlby, 1980; Muller, 2013). Eine Studie zeigte erstmals, dass schwer gestörte Patienten besonders von einem sicher gebundenen Therapeuten profitieren, was sich in einem verbesserten Outcome und der therapeutischen Allianz äußert (Schauenburg et al., 2010). Weiterhin stellte sich heraus, dass verstrickte Angstpatienten die Therapie mit einem distanzierten Therapeuten als hilfreicher ansehen, als wenn der Therapeut ein verstricktes Muster aufweist (Petrowski, Pokorny, Joraschky u. Buchheim, 2012). Dieser Befund unterstreicht die Bedeutung von Komplementarität in Interaktionserfahrungen und wurde auch in der Partnerforschung bestätigt (Holmes u. Johnson, 2009).

Ehrenthal, Tomanek, Schauenburg und Dinger (2013) berichteten erstmals über die Bedeutung von *bindungsrelevanten Situationen* in der Psychotherapie, indem sie diese von halbstandardisierten Interviews als spezifische Themen identifizierten. Als Auslöser für bindungsrelevante Bedürfnisse in Psychotherapien fanden sich interpersonelle Konflikte und Verlust, Therapiebeginn und -ende, Symptombelastung, spezifische Interventionen, Thematisierung der therapeutischen Beziehung und der Wechsel in eine stationäre Therapie. Damit waren Themen wie Wunsch nach Hilfe und Unterstützung, Zurückweisungserleben, Aspekte der Selbstöffnung und der Wunsch nach Verständnis verbunden. Die Autoren schlussfolgerten, dass das Bindungssystem in Psychotherapien ähnlich wie in anderen zwischenmenschlichen Situationen aktiviert wird und die Berücksichtigung dieser identifizierten Themen für die Analyse der Gegenübertragung und die therapeutische Beziehungsgestaltung als hilfreich angesehen werden können.

Zukünftig sollten Outcome- und Prozessforschung mehr verknüpft werden (siehe auch Ehrenthal, 2017), dabei könnte untersucht werden, welche Interventionen, Haltungen und Beziehungsfiguren in den unterschiedlichen psychotherapeutischen Verfahren Bindungsrepräsentationen verändern. Weiterhin sollte vermehrt der Einsatz vermittelnder Bindungsvariablen helfen, herauszufinden, welche Aspekte dabei das Psychotherapie-Outcome verbessern. Dazu wäre es hilfreich, Interviewmethoden und Fragebögen zu kombinieren. Levy et al. (2011) sprechen für die therapeutische Praxis verschiedene Empfehlungen aus: Es sollte zunächst eine valide Diagnostik mittels Interviews zu Beginn einer Behandlung durchgeführt werden; bei Patienten mit erhöhter Bindungsangst (bzw. Bindungstraumatisierung) sollten längere Behandlungen durchgeführt werden; Therapeuten sollten sich selbst einer Bindungsdiagnostik unterziehen, auch im Hinblick darauf, besser zu verstehen, was in der therapeutische Dyade an Bindungsmerkmalen von beiden Seiten (Patient und Therapeut) wirksam wird; und es sollten in Abhängigkeit des Bindungsmusters von Patienten Interventionsstile entsprechend angepasst werden.

In der Supervision ist es vermutlich hilfreich, sich der eigenen Bindungsrepräsentationen bewusst zu sein, da wie bereits erwähnt Therapiestudien zeigen, dass komplementäre Bindungsmuster für das Outcome von Patienten hilfreich sein können (z. B. Petrowski et al., 2012). In helfenden Berufen hat sich die Bindungsdiagnostik (AAP) bereits als wertvolles Feedback-Instrument bewährt, damit Kolleginnen und Kollegen, die beispielsweise mit traumatisierten Eltern oder Jugendlichen arbeiten, sich der potenziellen eigenen unsicheren Bindungserfahrungen bewusster werden (z. B. Suess et al., 2015). Dieser Ansatz wird gerade in einem laufenden Traumapädagogik-Projekt in Basel ausgebaut und neu entwickelt (Schmid u. Ziegenhain, 2016).

Kürzlich wurde erstmals der Einsatz der AAP-Diagnostik im Kontext einer stationären kunsttherapeutischen Therapie erfolgreich erprobt (Gander et al., 2017). In einer laufenden Pilotstudie wird derzeit das AAP neben der Diagnostik auch als Add-on Treatment in einer stationären Behandlung von Jugendlichen eingesetzt.

Durch die Rückmeldung der Ergebnisse an die Therapeuten sollen sich neue therapeutische (bindungsbezogene) Fokusse ergeben und somit soll sich die psychotherapeutische Behandlung effektiver und individualisierter bezüglich zentraler Bindungsthemen gestalten (Jahnke-Majorkovits u. Buchheim, in Vorbereitung). Weiterhin entwickelten Buchheim, Bauriedl-Schmidt und Berquet (2018) im Kontext eines systemisch-psychodynamischen Coaching-Ansatzes eine Mehrebenen-Diagnostik, indem bei der Führungspersönlichkeit sowohl psychodynamisch strukturelle Merkmale, ethische Haltung als auch Bindungsrepräsentationen mit dem AAP erhoben werden, um diese Ergebnisse mittels eines individualisierten reflektierenden Feedback-Verfahrens während des Coaching-Prozesses einzusetzen.

# Literatur

Agrawal, H. R., Gunderson, J., Holmes, B. M., Lyons-Ruth, K. (2004). Attachment studies with borderline patients: A review. Harvard Review of Psychiatry, 12, 94–104.

Ainsworth, M. D. S., Blehar, M. C., Waters, E., Wall, S. (1978). Patterns of attachment: A psychological study of the strange situation. Hillsdale, NJ: Erlbaum.

Argelander, H. (1961). Das Erstinterview in der Psychotherapie. Darmstadt: Wissenschaftliche Buchgesellschaft.

Bakermans-Kranenburg, M. J., van IJzendoorn, M. H. (2009). The first 10.000 Adult Attachment Interviews: Distribution of adult attachment representations in clinical and non-clinical groups. Attachment and Human Development, 11 (3), 223–263.

Balint, E. M., Gander, M., Pokorny, D., Funk, A., Waller, C., Buchheim, A. (2016). High prevalence of insecure attachment in patients with primary hypertension. Frontiers in Psychology, 7, 1087.

Bateman, A. W., Fonagy, P. (2006). Mentalization-based treatment for borderline personality disorder. A practical guide. Oxford: Oxford University Press.

Bauriedl-Schmidt, C., Jobst, A., Gander, M., Seidl, E., Sabaß, L., Sarubin, N., Mauer, C., Padberg, F., Buchheim, A. (2017). Attachment representations, patterns of emotion regulation, and social exclusion in patients with chronic and episodic depression and healthy controls. Journal of Affective Disorders, 1, 210, 130–138.

Borchardt, V., Krause, A. L., Li, M., van Tol, M.-J., Demenescu, L. R., Buchheim, A., Coraline, D., Sweeney-Reed, C. M., Nolte., T., Lord, A. R., Walter, M. (2015). Dynamic disconnection of the supplementary motor area after processing of dismissive biographic narratives. Brain and Behaviour, 5 (10), e00377.

Bowlby, J. (1969). Attachment and loss. Vol. 1: Attachment. New York: Basic Books.

Bowlby, J. (1973). Attachment and loss. Vol. 2: Separation, anxiety and anger. New York: Basic Books.

Bowlby, J. (1980). Attachment and loss. Vol. 3: Loss, sadness and depression. London: Hogarth.

Bowlby, J. (1983). Verlust – Trauer und Depression. Frankfurt a. M.: Fischer.

Bowlby, J. (1988). A secure base: Clinical implications of attachment theory. London: Routledge.

Bretherton, I., Munholland, K. A. (2008). Internal working model in attachment relationships: Elaborating a central construct in attachment theory. In J. Cassidy, P. Shaver (Eds.), Handbook of attachment (2$^{nd}$ ed., pp. 102–127). New York: Guilford Press.

Buchheim, A. (2008). Borderline-Persönlichkeitsstörung und Bindung. Eine Übersicht. In B. Strauß (Hrsg.), Bindung und Psychopathologie (S. 253–281). Stuttgart: Klett-Cotta.

Buchheim, A. (2011). Borderline-Persönlichkeitsstörung und Bindungserfahrung. In B. Dulz, S. Herpertz, O. Kernberg, U. Sachsse (Hrsg.), Handbuch der Borderline-Störungen (2. Aufl., S. 158–167). Stuttgart: Schattauer.

Buchheim, A. (2016). Bindung und Exploration: Ihre Bedeutung im klinischen und psychotherapeutischen Kontext. Stuttgart: Kohlhammer.

Buchheim, A., Bauriedl-Schmidt, C., Berquet, G. (2018). Bindungsdynamische Mehrebenen-Reflexion im Führungskräfte-Coaching. Wirtschaftspsychologie.

Buchheim, A., Erk, S., George, C. Kächele, H., Kircher, T, Martius, P., Pokorny, D., Ruchsow, M., Spitzer, M., Walter, H. (2008). Neural correlates of attachment trauma in borderline personality disorder: A functional magnetic resonance imaging study. Psychiatry Research: Neuroimaging, 163 (3), 223–235.

Buchheim, A., Erk, S., George C., Kächele, H., Martius, P., Pokorny, D., Spitzer, M., Walter, H. (2016). Neural response during the activation of the attachment system in patients with borderline personality disorder: An fMRI Study. Frontiers in Human Neuroscience, 10, 389.

Buchheim, A., Gander, M., Juen, F. (2014). Klinische Bindungsforschung mit dem Adult Attachment Projective Picture System: Methodik, klinische Anwendung und Perspektiven. Psychotherapie Forum, 19, 42–49.

Buchheim, A., George, C. (2011). Attachment disorganization in borderline personality disorder and anxiety disorder. In J. Solomon, C. George (Eds.), Disorganized attachment and caregiving (pp. 343–383). New York: Guilford Press.

Buchheim, A., George, C. (2012). Das Adult Attachment Interview (AAI) und das Adult Attachment Projective Picture System (AAP). In S. Doering, S. Hörz (Hrsg.), Handbuch der Strukturdiagnostik (S. 182–218). Stuttgart: Schattauer.

Buchheim, A., Heinrichs, M., George, C., Pokorny, D., Koops, E., Henningsen, P., O'Connor, M.-F., Gündel, H. (2009). Oxytocin enhances the experience of attachment security. Psychoneuroendocrinology, 34, 1417–1422.

Buchheim, A., Hörz-Sagstetter, S., Doering, S., Rentrop, M., Buchheim, P., Schuster, P., Pokorny, D., Fischer-Kern, M. (2017). Change of unresolved attachment in borderline personality disorder: RCT study of transference-focused psychotherapy. Psychotherapy and Psychosomatics, 86, b314–316.

Buchheim, A., Kächele, H. (2001). Adult Attachment Interview einer Persönlichkeitsstörung. Eine Einzelfallstudie zur Synopsis von psychoanalytischer und bindungstheoretischer Perspektive. Persönlichkeitsstörungen: Theorie und Therapie, 5, 113–130.

Buchheim, A., Kächele, H. (2002). Das Adult Attachment Interview und psychoanalytisches Verstehen. Psyche – Zeitschrift für Psychoanalyse und ihre Anwendungen, 56, 946–973.

Buchheim, A., Kächele, H. (2003). Adult Attachment Interview and psychoanalytic perspective. Psychoanalytic Inquiry, 23, 55–81.

Buchheim, A., Labek, K., Taubner, S., Kessler, H., Pokorny, D., Kächele, H., Cierpka, M., Roth, G., Pogarell, O., Karch, S. (2018). Modulation of gamma band activity and late positive potential in patients with chronic depression after psychodynamic psychotherapy.

Buchheim, A., Labek, K., Walter, S., Viviani, R. (2013). A clinical case study of a psychoanalytic psychotherapy monitored with functional neuroimaging. Frontiers in Human Neuroscience, 7, 677.

Buchheim, A., Strauss, B. (2002). Interviewmethoden der klinischen Bindungsforschung. In B. Strauss, A. Buchheim, H. Kächele (Hrsg.), Klinische Bindungsforschung: Methoden und Konzepte (S. 27–53). Stuttgart: Schattauer.

Buchheim, A., Viviani, R., Kessler, H., Kächele, H., Cierpka, M., Roth, G., George, C., Kernberg, O., Bruns, G., Taubner, S. (2012a). Changes in prefrontal-limbic function in major depression after 15 months of long-term psychotherapy. PLoS ONE, 7 (3), e33745.

Buchheim, A., Viviani, R., Kessler, H., Kächele, H., Cierpka, M., Roth, G., George, C., Kernberg, O. F., Bruns, G., Taubner, S. (2012b). Neuronale Veränderungen bei chronisch-depressiven Patienten während psychoanalytischer Psychotherapie. Funktionelle Magnetresonanztomographie-Studie mit einem Bindungsparadigma. Psychotherapeut, 57, 219–226.

Buchheim, A., West, M., Martius, P., George, C. (2004). Die Aktivierung des Bindungssystems durch das Adult Attachment Projective bei Patientinnen mit einer Borderline-Persönlichkeitsstörung – ein Einzelfall. Persönlichkeitsstörungen: Theorie und Therapie, 8, 230–242.

Buchheim, A., Ziegenhain, U., Peter, A., von Wietersheim, H., Vicari, A., Kolb, A., Schulze, U. (2007). Unverarbeitete Verlusterfahrungen bei Müttern mit einer Angststörung und ihre Kinder: Eine transgenerationale Pilotstudie. Nervenheilkunde, 26, 1130–1135.

Clarkin, J. F., Levy, K. N., Lenzenweger, M. F., Kernberg, O. F. (2007). Evaluating three treatments for borderline personality disorder: A multiwave study. American Journal of Psychiatry, 164, 922–928.

Clarkin, J. F., Yeomans, F. E., Kernberg, O. F. (2006). Psychotherapy for borderline personality. Focusing on object relations. Arlington, VA: American Psychiatric Publishing.

Dammann, G., Buchheim, P., Clarkin, J. F., Kernberg, O. F. (2000). Einführung in eine übertragungsfokussierte, manualisierte psychodynamische Therapie der Borderline-Störung. In O. F. Kernberg, B. Dulz, U. Sachsse (Hrsg.), Handbuch der Borderline-Störungen (S. 461–481). Stuttgart u. New York: Schattauer.

Daniel, S. I. F., Poulsen, S., Lunn, S. (2016). Client attachment in a randomized clinical trial of psychoanalytic and cognitive-behavioral psychotherapy for bulimia nervosa: Outcome moderation and change. Psychotherapy, 53 (2), 174–184.

Doering, S., Buchheim, P. (2005). Transference-Focused Psychotherapy. Eine psychodynamische Psychotherapie zur Behandlung von Borderline-Persönlichkeitsstörungen. Psychodynamische Psychotherapie, 4, 233–238.

Doering, S., Hörz, S., Rentrop, M., Fischer-Kern, M., Schuster, P., Benecke, C., Buchheim, A., Martius, P., Buchheim, P. (2010). Transference-focused psychotherapy v. treatment by community psychotherapists for borderline disorder, randomised controlled trial. British Journal of Psychiatry, 196 (5), 389–395.

Dozier, M.; Bates, B. C. (2004). Attachment state of mind and the treatment relationship. In L. Atkinson, S. Goldberg (Eds.), Attachment issues in psychopathology and intervention (S. 167–180). Mahwah, NJ: Earlbaum.

Ehrenthal, J. (2017). Bindung und Psychotherapie. In B. Strauss, H. Schauenburg (Hrsg.), Bindung in Psychologie und Medizin (S. 260–268). Stuttgart: Kohlhammer.

Ehrenthal, J., Tomanek, C. J., Schauenburg, H., Dinger, U. (2013). Bindungsrelevante Situationen in der Psychotherapie. Psychotherapeut, 58, 474–479.

Finn, S. E. (2011). Use of the Adult Attachment Projective Picture System (AAP) in the middle of a long-term psychotherapy. Journal of Personality Assessment, 95 (5), 427–433.

Fischer-Kern, M., Doering, S., Taubner, S., Hörz, S., Zimmermann, J., Rentrop, M., Schuster, P., Buchheim, P., Buchheim, A. (2015). Transference-focused psychotherapy for borderline personality disorder: Change in reflective function. British Journal of Psychiatry, 2, 173–174.

Fonagy, P., Campbell, C. (2017). Böses Blut – Rückblick: Bindung und Psychoanalyse. Psyche – Zeitschrift für Psychoanalyse und ihre Anwendungen, 71, 275–305.

Fonagy, P., Leigh, T., Steele, M., Steele, H., Kennedy, R., Mattoon, G., Gerber, A. (1996). The relation of attachment status, psychiatric classification, and response to psychotherapy. Journal of Consulting and Clinical Psychology, 64 (1), 22–31.

Fonagy, P., Target, M., Steele, H., Steele, M. (1998). Reflective functioning manual: Version 5.2 for the application to the Adult Attachment Interviews. Unpublished manuscript. London, UK: University College London.

Gander, M., George, C., Pokorny, D., Buchheim, A. (2016). Assessing attachment representations in adolescents: Discriminant validation of the Adult Attachment Projective Picture System. Child Psychiatry & Human Development, 47.

Gander, M., Oberhofer, B., Sevecke, K., Buchheim, A. (2017). Integration bindungsdiagnostischer Aspekte in die kunsttherapeutische Behandlung bei Persönlichkeitsstörungen im Jugendalter. Persönlichkeitsstörungen: Theorie und Therapie 21, 4, 277–288.

Gander, M., Sevecke, K., Buchheim, A. (2015). Eating disorders in adolescence: Attachment issues from a developmental perspective (Review). Frontiers in Psychology, 6, Article 1136.

George, C., Buchheim, A. (2014). Use of the Adult Attachment Projective Picture System in psychodynamic psychotherapy with severely traumatized patients. Frontiers in Psychology, 5, 865.

George, C., Kaplan, N., Main, M. (1985/1996). The Adult Attachment Interview. Unpublished manuscript. Berkeley: University of California.

George, C., West, M. (2001). The development and preliminary validation of a new measure of adult attachment: The Adult Attachment Projective. Attachment and Human Development, 3, 30–61.

George, C., West, M. (2012). The Adult Attachment Projective Picture System. New York: Guilford Press.

George, C., West, M., Pettem, O. (1999). The Adult Attachment Projective: Disorganization of adult attachment at the level of representation. In

J. Solomon, C. George (Eds.), Attachment disorganization (pp. 462–507). New York: Guilford Press.

Grice, H. P. (1975). Logic and conversation. In P. Cole, J. L. Moran (Eds.), Syntax and semantics. Vol. 3: Speech acts (pp. 41–58). New York: Academic Press.

Grossmann, K., Fremmer-Bombik, E., Rudolph, J., Grossmann, K. E. (1988). Maternal attachment representations as related to patterns of infant-mother attachment and maternal care during the first year. In R. Hinde, J. Stevenson-Hinde (Eds.), Relationships within families. Mutual influences (pp. 241–261). Oxford: Clarendon Press.

Herpertz, S. C., Bertsch, K. (2015). A new perspective on the pathophysiology of borderline personality disorder: A model of the role of oxytocin. The American Journal of Psychiatry, 172, 840–851.

Hesse, E. (2008). The Adult Attachment Interview: Protocol, method of analysis and empirical studies. In J. Cassidy, P. Shaver (Eds.), Handbook of attachment (2$^{nd}$ ed., pp. 718–744). New York: Guilford Press.

Höger, D. (2002). Fragebögen zur Erfassung von Bindungsstielen. In B. Strauß, A. Buchheim, H. Kächele (Hrsg.), Klinische Bindungsforschung (S. 94–118). Stuttgart: Schattauer.

Holmes, B. M., Johnson, K. R. (2009). Adult attachment and romantic partner preference: A review. Journal of Social and Personal Relationships, 26 (6–7), 833–852.

Holmes, J. (2001). The search for the secure base. Attachment theory and psychotherapy. London u. New York: Routledge.

Hörz-Sagstetter, S., Minow, A. R., Erhardt, I., Barten-Hohn, J., Denscherz, C., Buchheim, A., Taubner, S., Mertens, W. (2016). Münchner Bindungs- und Wirkungsforschungsprojekt: Studiendesign und ein Einzelfall. Psychotherapie, Psychosomatik, Medizinische Psychologie, 66 (3/4), 144–154.

Jahnke-Majorkowits, A.; Buchheim, A. (in Vorbereitung). Klinische Bindungsforschung im Jugendalter: Bindungsbezogene Kurzintervention im Rahmen stationärer Behandlung bei Jugendlichen – Fallbericht einer aktuellen Pilotstudie. Praxis der Kinderpsychologie und Kinderpsychiatrie.

Jobst, A., Padberg, F., Mauer, M.-C., Daltrozzo, T., Bauriedl-Schmidt, C., Sabaß, L., Sarubin, N., Falkai, P., Renneberg, B., Zill, P., Gander, M., Buchheim, A. (2016). Lower oxytocin plasma levels in borderline patients with unresolved attachment representations. Frontiers in Human Neuroscience, 10, 125.

Juen, F., Arnold, L., Meissner, D., Nolte, T., Buchheim, A. (2013). Attachment disorganization in different clinical groups: What underpins unresolved attachment? Psihologija, 46, 127–142.

Kernberg, O. F. (1981). The structural interviewing. Psychiatric Clinics of North America, 4, 169–195.

Kirchmann, H., Singh, S. A., Struas, B. (2017). Methoden zur Erfassung von Bindungsmerkmalen. In B. Strauss, H. Schauenburg (Hrsg.), Bindung in Psychologie und Medizin (S. 101–119). Stuttgart: Kohlhammer.

Kirchmann, H., Steyer, R., Mayer, A., Joraschky, P., Schreiber-Willnow, K., Strauss, B. (2012). Effects of adult inpatient group psychotherapy on attachment characteristics: An observational study comparing routine care to an untreated comparison group. Psychotherapy Research, 22 (1), 95–114.

Klagsbrun, M., Bowlby, J. (1976). Responses to separation from parents: A clinical test for young children. British Journal of Projective Psychology, 21, 7–21.

Köhler, L. (1998). Zur Anwendung der Bindungstheorie in der psychoanalytischen Praxis. Psyche – Zeitschrift für Psychoanalyse und ihre Anwendungen, 52 (4), 369–403.

Köhler, L. (2002). Was erwartet die Psychoanalyse von der Bindungstheorie? In B. Strauß, A. Buchheim, H. Kachele (Hrsg.), Klinische Bindungsforschung. Theorien, Methoden, Ergebnisse (S. 3–8). Stuttgart: Schattauer.

Köhler, L. (2004). Frühe Störungen aus der Sicht zunehmender Mentalisierung. Forum Psychoanalyse, 20, 158–174.

Krause, S., Pokorny, D., Schury, K., Doyen-Waldecker, C., Hulbert, A., Karabatsiakis, A., Kolassa, I., Gündel, G., Waller, C., Buchheim, A. (2016). Effects of the Adult Attachment Projective Picture System on oxytocin and cortisol blood levels in mothers. Frontiers in Human Neuroscience, 10, 627.

Künster, A., Ziegenhain, U., Schulze, U., Buchheim, A., von Wietersheim, H., Vicari, A., Peter, A., Besier, T. (2012). Transgenerationale Effekte mütterlicher Angst: Mütterliche Ängstlichkeit und sozioemotionale Entwicklung von Vorschulkindern. Monatsschrift Kinderheilkunde, 160, 982–987.

Labek, K., Viviani, R., Gizweski, E. R., Verius, M., Buchheim, A. (2016). Neural correlates of the appraisal of attachment scenes in healthy controls and social cognition – a fMRI study. Frontiers in Human Neuroscience, 10, 345.

Leuner, H. (1980). Grundlinien des Katathymen Bilderlebens (KB) aus neuerer Sicht. In H. Leuner (Hrsg.), Katathymes Bilderleben, Ergebnisse in Theorie und Praxis (S. 10–55). Bern: Hans Huber.

Levy, K. N., Meenhan, K. B., Clarkin, J. F., Kernberg, O. F., Kelly, K. M., Reynoso, J. S., Weber, M. (2006). Change in attachment patterns and reflective function in a randomized control trial of tranceference-focused psychotherapy for borderline personality disorder. Journal of Consulting and Clinical Psychology, 74, 1027–1040.

Levy, K., Ellison, W. D., Scott, L. N. (2011). Attachment style. Journal of Clinical Psychology, 67, 193–203.

Lilliengren, P., Falkenström, F., Sandell, R., Mothander, P. R., Werbart, A. (2015). Secure attachment to therapist, alliance, and outcome in psychoanalytic psychotherapy with young adults. Journal of Counseling Psychology, 62 (1), 1–13.

Lis, A., Mazzeschi, C., Di Riso, D., Salcuni, S. (2011). Attachment, assessment, and psychological intervention: A case study of anorexia. Journal of Personality Assessment, 93, 434–444.

Main, M., Goldwyn, R. (1985/1998). Adult attachment classification and rating system. Unpublished manuscript. Berkeley: University of California.

Main, M., Kaplan, N., Cassidy, J. (1985). Security in infancy, childhood, and adulthood: A move to the level of representation. Growing points of attachment theory and research. Monographs of the Society for Research in Child Development, 50, 66–106.

Martin, A., Buchheim, A., Berger, U., Strauß, B. (2007). The impact of attachment organization on potential countertransference reactions. Psychotherapy Research, 17 (1), 46–58.

Masla, U. (2014). Eine Untersuchung psychosomatisch-stationär behandelter Patienten bezüglich der Veränderung ihrer Bindungsrepräsentationen mit oder ohne den Einsatz von KIP (Katathym Imaginative Psychotherapie). Masterarbeit an der International Psychoanalytic University Berlin.

Muller, R. T. (2013). Wenn Patienten keine Nähe zulassen. Strategien für eine bindungsbasierte Traumatherapie. Stuttgart: Klett-Cotta.

Petrowski, K., Pokorny, D., Joraschky, P., Buchheim, A. (2012). The therapist's attachment representation and the patient's attachment to the therapist. Psychotherapy Research, 23, 25–34.

Pokorny, D., Masla, U., Janta, B., Buchheim, A. (in Vorbereitung). Change of attachment status during inpatient treatment with guided affective imagery: A randomized control trial.

Ravitz, P., Maunder, R., Hunter, J., Bhadra, S., Lancee, W. (2010). Adult attachment measures: A 25-year review. Journal of Psychosomatic Research, 69, 419–432.

Reiner, I., Bakermans-Kranenburg, M. J., van IJzendoorn, M. H., Fremmer-Bombik, E., Beutel, M. (2016). Adult attachment representation moderates psychotherapy treatment efficacy in clinically depressed inpatients. Journal of Affective Disorders, 195, 163–171.

Roisman, G. I., Fraley, R. C., Belsky, J. (2007). A taxometric study of the Adult Attachment Interview. Developmental Psychology, 43 (3), 675–686.

Schauenburg, H., Buchheim, A., Beckh, K., Nolte, T., Brenk-Franz, K., Leichsenring, F., Strack, M., Dinger, U. (2010). The influence of psychodynamically oriented therapists' attachment representations on outcome and alliance in inpatient psychotherapy. Psychotherapy Research, 20, 193–202.

Schmid, M., Ziegenhain, U. (2016). Gute Gründe für den Einsatz von traumapädagogischen Konzepten in verschiedenen psychosozialen Handlungsfeldern. Modul 1. Lerneinheit 3. In U. Ziegenhain, A.-L. Hulbert, K. Henn, M. Schmid (Hrsg.), E-Learning Kinderschutz. Ulm: Universitätsklinikum Ulm, Kinder- und Jugendpsychiatrie/Psychotherapie. https://traumapaedagogik.elearning-kinderschutz.de (13.10.2017).

Steele, H., Steele, M., Murphy, A. (2009). Use of the Adult Attachment Interview to measure process and change in psychotherapy. Psychotherapy Research, 19 (6), 633–643.

Stigler, M., Pokorny, D. (2008). Auf der Suche nach den frühen Spuren – Die Aktivierung des Primärprozesses als Wirkfaktor der Imagination. In M. Bürgi-Kraus, L. Kottje-Birnbacher, I. Reichmann, E. Wilke (Hrsg.), Entwicklung in der Imagination – Imaginative Entwicklung (S. 293–305). Lengerich: Pabst Science.

Strauss, B. (2011). Ergebnisse der klinischen Bindungsforschung mit Bedeutung für die Psychotherapie. Psychotherapie, Psychosomatik, Medizinische Psychologie, 61, 436–446.

Strauss, B., Buchheim, A., Kächele, H. (Hrsg.) (2002). Klinische Bindungsforschung: Methoden und Konzepte. Stuttgart: Schattauer.

Suess, G. J., Mali, A., Reiner, I., Fremmer-Bombik, E., Schieche, M., Suess, E. S. (2015). Attachment representations of professionals: Influence on intervention and implications for clinical training and supervision. Mental Health & Prevention, 3, 129–134.

Taubner, S., Kessler, H., Buchheim, A., Kächele, H., Staun, L. (2011). The role of mentalization in the psychoanalytic treatment of chronic depression. Psychiatry: Biological and Interpersonal Process, 74, 51–59.

Taubner, S., Schulze, C. I., Kessler, H., Buchheim, A., Kächele, H., Staun, L. (2015). Veränderungen der mentalisierten Affektivität nach 24 Monaten analytischer Psychotherapie bei Patienten mit chronischer Depression. Psychotherapie Forum, 20 (1), 20–28.

Taylor, P., Rietzschel, J., Danquah, A., Berry, K. (2014). Changes in attachment representations during psychological therapy. Psychotherapy Research, 25 (2), 222–238.

Tulving, E. (1972). Episodic and semantic memory. In E. Tulving, W. Donaldson (Eds.), Organization of memory (pp. 55–78). New York: Academic Press.

van Ecke, Y. (2007). Unresolved attachment among immigrants: An analysis using the Adult Attachment Projective. The Journal of Genetic Psychology, 167, 433–442.

Webster, L., Joubert, D. (2011). The use of the Adult Attachment Projective Picture System with assessments of adolescents in foster care. Journal of Personality Assessment, 93, 417–426.

West, M., George, C. (2002). Attachment and dysthymia: The contributions of preoccupied attachment and agency of self to depression in women. Attachment and Human Development, 4, 278–293.

Wichmann, T., Buchheim, A., Menning, H., Schenk, I., George, C., Pokorny, D. (2016). A reaction time experiment on adult attachment: The development of a measure for neurophysiological settings. Frontiers in Human Neuroscience, 10, 548.

Yeomans, F. E., Clarkin, J., Kernberg, O. F. (2015). Transference-focused psychotherapy for borderline personality disorder: A clinical guide. Washington, DC: American Psychiatric Publishing.


Danksagung an: KÖHLER-Stiftung, DPV-Stiftung, International Psychoanalytic Association (IPA), American Psychoanalytic Association, Else Kröner-Fresenius-Stiftung, Hanse Wissenschaftskolleg (HWK) Delmenhorst, Freiburg Institute of Advanced Studies (FRIAS).